라이프 위너

라이프 위너

초 판 1쇄 2023년 07월 20일

지은이 최해원(해원칭)
펴낸이 류종렬

펴낸곳 미다스북스
본부장 임종익
편집장 이다경
책임진행 김가영, 신은서, 박유진, 윤가희, 정보미

등록 2001년 3월 21일 제2001-000040호
주소 서울시 마포구 양화로 133 서교타워 711호
전화 02) 322-7802~3
팩스 02) 6007-1845
블로그 http://blog.naver.com/midasbooks
전자주소 midasbooks@hanmail.net
페이스북 https://www.facebook.com/midasbooks425
인스타그램 https://www.instagram/midasbooks

© 최해원(해원칭), 미다스북스 2023, *Printed in Korea*.

ISBN 979-11-6910-285-8 03190

값 20,000원

미다스북스는 다음세대에게 필요한 지혜와 교양을 생각합니다.

오늘의 나를 뛰어넘는 7가지 기술

LIFE
WINNER

라이프 위너

최해원(해원칭) 지음

마인드북스

What makes a Life Winner?
무엇이 인생의 승자를 만드는가?

오늘의 나를 뛰어넘는 7가지 기술

1. 한계는 당신이 만들어내는 허상일 뿐이다.

'나는 안 된다'고 생각하는가?

한 번에 5분도 뛰지 못하던 내가
1,853km에 달하는 자전거 국토 종주 그랜드슬램을 달성하고
바디프로필을 7번 찍고 각종 대회에 출전하고 있다.

2. 당신을 단련하고 지켜낼 수 있는 것은 당신뿐이다.

주변 눈치를 보며 남의 말 한마디에 하루를 통째로 망치던 내가
이제는 소신껏 삶을 주도한다.
지금의 어려움을 버티면 더 크고 좋은 것이 기다리고 있음을 안다.

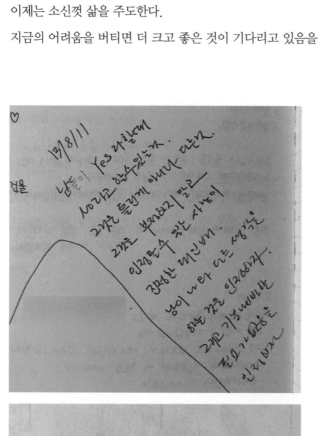

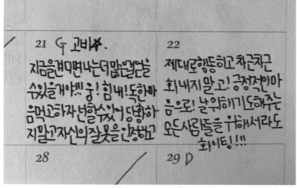

3. 당신 자신과 정직하게 마주하라.

나는 나와 똑바로 마주하고 인정했다.
그 과정에서 때론 극한의 고통이 또 때론 극도의 희열이
오늘의 나를 위너로 만들었다.

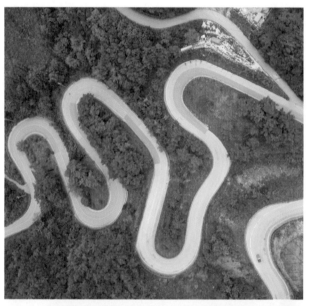

4. 기록이 쌓이면 황금 같은 자산이 된다.

운동, 독서, 도전, 일상,

모든 것을 기록하며 나의 가치를 증명한다.

그렇게 쌓인 아이디어와 통찰력이 내게 승리를 가져다주었다.

2022년 12월

일	월	화	수	목	금	토
				1	2	3
4	5	6	7	8	9	10
11	12	13	14	15	16	17
18	19	20	21	22	23	24
25	26	27	28	29	30	31

북트리

지금도 난 충분히 행복해 😊 쓸때없는 생각하지 말고
지금이대로 앞을 향해 전진하면 되는거야 ㅋㅋㅋ
니가 걔네보다 모자란거 없고 못난거도 없어
시작은 미비해도 끝은 창대하리라 난 할수있어
큰 인물이 되리라!
열등감 느낄거 없고 지금 나의 위치에서 열심을
다하면 되는거다.

<진행중 & 곧 이룰 시각화>
- 나는 ★2025년 집을 산다★ 아무 문제 없다.
- 나는 2024년 씨드머니 2억을 모은다.
- 나는 월 300만원씩 저금&투자한다.
- 나는 시스템 수익으로 연봉만큼 번다.
- 우리 가족은 모두 건강하고 행복하다.
- 나는 여러 기업으로부터 멋진 제안을 받는다.
- 2023년 4월 유튜브 구독자가 4,000명이 된다!
- 2023년 연봉 2억이 된다.
- 2023년 책을 출간한다.
- 2023년 나만의 커뮤니티를 만든다.
- 2023년 동기부여전문가가 된다.

5. 꿈과 목표는 구체적으로 시각화하라.

내 꿈과 목표는 선명하다.

스스로에 대한 믿음이 내 안의 열정을 깨운다.

우리 모두의 삶은 어제보다 더 나아질 것이다.

믿고 확신한다면 그대로 된다. 스스로 단단해질 수 있다.

6. 당신을 돌보고 주변에 감사하라.

SNS를 통해

나와 같은 고민을 하는 이들에게

위로의 말을 건넨다.

나는 홀로 단단하나,

이 세상의 모든 인연에 감사한다.

haewon.ching　프로필 편집　광고 도구　⬡

게시물 3352　　팔로워 1만　　팔로우 5087

해원청 l 자기관리
디지털 크리에이터
건강한 몸과 마음을 기록하는 삶😎
환경을 탓하지 않고 갓생살기‼️

📖2023.7 자기계발서 출간 예정
💪17년차 직장인 l 강사 l 마케터 l 크리에이터
🚵국토종주 그랜드슬램 달성
🔩헬스 l 라이딩 l 필라테스 l 테니스
💧미라클모닝 1,000일 l 퀀텀점프중

7. 실패해도 다시 일어서는 강철 멘탈을 만들어라.

수많은 시행착오는
지금의 '나'를 만드는 밑거름이 되었다.

실패를 많이 경험해보라.
실패가 당신을 끌어올려주는 원동력이 될 것이다.

야간대학을 다니던 텔레마케터에서
1만 명 팔로우를 거느린 인기 강사 크리에이터까지.
나는 자타공인 라이프 위너의 삶을 살아가고 있다.

나는 가진 것이 하나도 없었지만 포기하지 않았고
그 결과 지금 이 자리에 와 있다.
꾸준하게 나아가면 반드시 이룰 수 있다.
포기하지 않으면 언젠가는 무조건 된다.

[해원칭] 미라클모닝 #1063
해원칭 23.05.18. 조회 33
  10 댓글

[해원칭] 미라클모닝 #1062
해원칭 23.05.17. 조회 53
  20 댓글

[해원칭] 미라클모닝 #1061
해원칭 23.05.16. 조회 94
  6 댓글

[해원칭] 미라클모닝 #1060
해원칭 23.05.15. 조회 27
5 댓글

[해원칭] 미라클모닝 #1059
해원칭 23.05.14. 조회 40
  5 댓글

[해원칭] 미라클모닝 #1058
해원칭 23.05.13. 조회 33
  6 댓글

[해원칭] 미라클모닝 #1057
해원칭 23.05.12. 조회 70
  13 댓글

[해원칭] 미라클모닝 #1056
해원칭 23.05.11. 조회 55
  13 댓글

<

#해원칭_서평

...

이 책이 당신을
라이프 위너의 길로 인도할 것이다.

당신의 인생을 승리로 이끌어라.
라이프 위너가 되어라!

추천사

인플루언서 운동하는 엄마 토리(@tory_workout)

삶에 끌려가는 느낌이 들 때면 해원칭을 생각한다. 어려운 상황에서 좌절과 낙담보다 해결과 성장의 방법에 집중하여 삶의 주체가 될 수 있었던 진정한 라이프 위너! 어제보다 더 나은 내일을 위해 어떤 자세로 살아가야 하는지 보여준다.

『평생 연금 받는 온라인 클래스 멘토링』 저자 이주희(1억치트키)

『라이프 위너』는 불가능하다고 여겨졌던 일들을 가능하게 만든 '평범한 사람'의 이야기다. 태생부터 잘난 사람의 성공담이라면 이렇게까지 몰입하며 읽지 않았을 것이다. 하지만 이 책은 내세울 것도, 기댈 곳도 없던 소녀의 이야기부터 시작한다. 주어진 환경이 아무리 열악하고 어려워도 핑계 대거나 도망치지 않고 당당하게 맞서며 성장해온 이야기가 담겨 있다. 삶을 변화시키고 인생의 승리자가 되고 싶은 사람에게 강력히 추천한다.

마케팅 전문가 너굴(@neogul_stat)

해원칭의 『라이프 위너』는 힘든 상황을 이겨내는 것을 넘어서서 원하는 삶으로 컨트롤 하고 싶은 사람이라면 읽어야 할 필독서이다. 주어진 상황에 수없이 좌절하는 모든 이에게 추천한다. 원하는 것을 이루기 위해서는 결국 체력과 마음의 근육을 길러야 한다고 이 책은 말하고 있다. 저자는 상황이 힘든 이들에게 따뜻한 위로를 전달하는 것에만 그치지 않고, 어떻게 극복해서 원하는 것을 얻을 수 있는지 구체적인 노하우로 제시하고 있다. 이를 실천함으로 매일의 삶이 달라지는 선순환을 경험할 것이다. 극한을 도전하며 성공의 기쁨을 함께 나누는 이 책은 독자들에게 라이프 위너로 거듭날 수 있는 자신감을 심어준다. 이 책을 통해 독자들은 위너의 사고로 타인을 존중하면서 자기 잠재력을 발견하고 펼칠 기회를 반드시 만나게 될 것이다. 나 또한 해원칭을 만나고 삶이 달라졌다. 해원칭의 『라이프 위너』를 만나기 전과 후의 여러분의 삶도 달라질 것이라고 확신한다.

대전 자전거 유튜버 다재다능맹구(@MaengguTV)

유튜브 촬영을 하다가 우연히 자전거 도로에서 알게 된 해원칭은 언제나 현재진행형 같은 사람이다. 그녀가 매월 개인 SNS에 올리는 자기관리 결산은 목표 의식을 갖게 하고 실패해도 언제나 우직한 거북이처럼 한 발 한 발 나아가는 모습을 보여준다. 그러한 해원칭은 나에게도 좋은 동기 부여가 된다. 이 책은 발걸음을 멈춘 이에게 좋은 말벗이 되어줄 것이다.

다음 세대를 위한 재단 예비 대표 js

해원칭은 '365일 열매가 가득 맺히는 아낌 없이 주는 나무'다. 4년 전 우울 가득한 삶에서 나오고 싶어 발버둥 칠 때 만난 그녀는 오직 '선한 의도'로만 2시간가량 A4 종이에 재정관, 가치관, 세계관, 건강관 등을 강의하며 진심으로 조언해줬고, 그 이야기를 들으며 나는 내 삶을 일으켜야겠다는 생각이 들었다. 그녀와 함께 운동하며 당뇨 직전 단계에서 정상 혈당으로 돌아왔으며, 운동의 맛을 알고 건강에 관심을 가지게 되었다. 기부 마라톤에 함께 나가며 누군가는 돕는 것에 보람을 느껴 삶의 방향을 진중하게 생각해보았으며, 독서의 즐거움을 알게 되며 도서 구매량으로 지역 상위에 든 적이 있다. 그녀 옆에 떨어진 콩고물만 주워 먹었는데도 선한 영향력을 끼치는 직업을 갖게 되었고, 삶의 의미를 같이 찾게 해주는 위치에 있으며 지금도 자격증을 취득 중이다. 해원칭의 스토리는 무기력에 빠져 주저앉은 사람들을 일으켜 꿈꾸게 하는 힘이 있다. 그래서 2030 청년들에게 이 책이 너무 필요하다. 사람은 꿈을 꿀 때 행복하다는 걸 느끼게 해준 소중한 귀인, 나는 그녀를 드림 메이커라 부른다. 해원칭이 씨앗일 때부터 지금 나무가 되어 누군가를 배불리 먹이고 그늘이 되어주기까지의 성장 과정을 봐온 증인으로서 이 책은 해원칭이 직접 실천하고 깨달은 '인생 노하우'임을 보증한다. 한 달이라도 실천해보길 바란다. 이 책이 당신의 페이스 메이커가 되어줄 것이며, 인생의 방향이 만족감을 느끼길 원한다면 꼭 읽어보길 바란다.

매년 연봉 상승 중인 배관 전문가 Joel

해원칭은 가난을 떨치고 지금은 고연봉자, 인플루언서, 유튜버, 모델, 강사로 활약하고 있으며 숙원이었던 작가의 꿈도 이뤄냈다. 게다가 심심하면 바디 프로필을 찍는다. 이 책에는 그녀의 성공한 인생, '갓생 엑기스 노하우'가 담겼는데 안 읽을 이유가 있나. 새싹 시절부터 꿈꾸고 도전하고 성취해내며 점점 거목이 되는 과정을 직관하면서 나만 보기 아깝다고 생각했는데, 엑기스만 뽑아낸 '인생 노하우'를 통해 많은 거목이 탄생할 것이라 확신한다.

1호 독자 S

늪에 빠져본 사람들만이 아는 게 있다. 허우적거리며 발버둥 쳐도 점점 더 밑으로 가라앉는 그 느낌을, 나중엔 무기력에 먹혀 저항도 못하고 서서히 가라앉는 그 기분을 나는 안다. 그렇게 포기하며 살 때 내게 다시 한번 희망을 준 것은 엄청난 재산을 가진 억만장자의 조언도, 괴물 같은 재능을 가진 천재들의 일침도 아니었다.

그저 비슷하게 힘든 고난을 겪고 절망의 늪에 빠져 허우적대던 사람. 하지만 결국 그 모든 악재를 이겨내고 한 발 더 나아가 현재를 열심히 사는 용기를 가진 사람. 막막해도, 두려워도 결국 해낼 수 있다는 믿음과 실행력으로 결국 난관을 뚫고 행복을 쟁취한 능동적인 삶을 보여주는 사람. 그게 내가 보는 해원 쌤이다. 늪에 빠져 천천히 가라앉는 나를 구해주는 건, 먼저 늪에서 탈출하고 행복을 쟁취하는 모습을 보여주는 사람들이다. 그렇기에 불행의 늪지대에 갇혀 있는 사람에게, 이 책을 강력히 추천하고 싶다. 우리도 빠져나올 수 있음을, 행복할 수 있다는 것을 보여주는 선발대이자 증거니까!

'월급쟁이 재테크 연구 카페' 강사 헤이임자

우리는 온갖 이유를 핑계 삼아 수동적으로 변해가고 있다. 주도적인 삶으로 변화하기 위해선 자극이 필요하다. 해원 님은 현실의 벽 앞에서 새로운 도전에 첫발을 내디딜 때 처음 만났다. 그녀는 모두에게 똑같이 주어진 시간에 어떤 마음가짐을 가지고 행동력을 보이는지에 따라 삶이 얼마나 달라질 수 있는지 보여줬다. 그녀의 노력은 내게도 자극제가 됐다. 더 나은 삶을 원한다면, 핑계는 뒤로 미루자. 지금 이 순간, 삶을 변화시킬 자극이 필요한 모두에게 이 책을 추천한다.

우수 수강생 인플루언서 퀸카맘 김지현(@kjhqueenka)

매 순간을 허투루 쓰지 않고, 한 순간 한 순간을 소중하고 보람 있게 쓰는 사람. 삶 하나하나 배울 게 많은 사람. 나도 이렇게 살고 싶다, 닮고 싶은 사람. 해원칭은 그런 사람이다. 나도 그녀를 따라 언젠가는 책을 쓰는 날이 오길 상상해본다. 늘 하는 말이지만, 해원칭을 알게 된 건 정말이지 행운이다.

루저에서 라이프 위너로 성장 중인 M

너무나도 비슷한 나의 루저 시절을 마주하는 것 같아 눈물이 나올 것 같았다. 사람은 반복되는 일상을 살아가면서 더 나은 삶과 자신의 발전을 꿈꾼다. 나의 환경과 상황을 탓하며 인생의 권태를 겪고 있는 사람에게 이 책은 누구나 삶의 위너가 될 수 있다고 말해준다.

예비 필라테스 강사 다미(@valuable_d)

10년 넘게 해원칭을 봐왔다. 10년 전에도 직장인이면서 학업과 많은 일들에 최선을 다하는 모습을 보며 자극받아 나도 직장을 다니며 공부하고 싶었던 과로 편입해 학위를 취득했던 기억이 난다. 그때의 해원칭도 주변 사람들에게 동기 부여를 많이 해줬던 사람이었는데 10년이 지난 지금도 그녀는 더 많은 사람에게 동기 부여가 되는 일을 하고있다. 더구나 책까지 발간한다는 소식을 들으니 정말 기쁘다. 앞으로 20년, 30년 후도 기대하며 계속해서 응원하고 싶다.

야간대학 동기 Jenny

늘 무기력했던 나에게 긍정적인 마음과 할 수 있다는 힘을 준 해원. 야간대학 다닐 때도 뭐든 열심히 하는 그녀를 보면서 늘 좋은 자극을 받았다. 지금도 가끔 지칠 때 그녀를 보며 힘을 내곤 한다. 이 책을 통해 해원이의 에너지가 더 많은 사람에게 전달되었으면 좋겠다.

'월급쟁이 재테크 연구카페' 회원 이쁜진주

해원칭은 나의 롤모델이다. 수년간 지켜본 그녀는 힘든 역경을 딛고 성공을 만들어가는 현실적인 모델이다. 쉬운 것부터 차근차근 따라 하고 있다.

배움도 투자도 환경보호까지도. 지나온 시간이 힘들었던 만큼 앞으로 좋은 결과만이 있을 것이라 확신한다.

콜센터 동기 김성희

20대 초반 처음 만난 그녀는 10여 년이 지난 지금까지 늘 성장해왔다. 곁을 지켜주면서도 한편으로는 한걸음 앞장서서 이끌어주던 그녀. 어둠의 터널을 지나던 순간, 그녀를 향해 시선을 돌리는 것만으로도 내 삶은 긍정의 길로 들어섰다. 진정한 이 시대의 '갓생러', 세상을 향한 새로운 도전에 박수와 존경을 보낸다.

라이프 위너에게 쏟아지는 찬사!

해원 님, 정말 꽉 차고 알차게 자신을 믿으며 열심히 정진하셨네요. 저도 한동안 정말 열심히 하다가 결과가 잘 나오지 않아서 자꾸 다른 길을 생각하고 내 자리가 아닌가 생각도 하면서 멈추고 방황도 했는데 해원 님은 길을 확신하고 꾸준히 열심히 정진하셔서 저렇게 좋은 성과와 결과들도 달성하시고 정말 멋지십니다. 저 또한 자신을 돌아보며 다시 꾸준히 열심히 해야겠다고 생각 합니다.

@ky*******

평소에 해원칭 인스타그램 피드의 하루 루틴을 보고 멋있다고 생각했고 마인드셋을 도와주는 내용을 통해 삶을 살아가는 데 있어 힘을 얻고 있습니다!!

@heal*********

우와! 진짜 이렇게 해내신 게 많다니 성장에 '성장캐'시네요! 자극받고 갑니다!

@hg.*******

엄청 열심히 사시는 모습 너무 멋있네요, 동기 부여 느끼고 갑니다.

@hun*******

너무 멋지시고 부족했던 저 자신도 돌아보게 되어서 좋은 자극이 되었어요.

@jae**********

월 결산 저도 시작해야지 다짐한 지 한 달! 해원칭 님 결산 보며 꼭 해보리라 다짐합니다. 제 동기 부여가 되어주시는 해원칭 님.

@10v******

확신의 말, 백만장자 선언문, 시각화, 글 읽으며 진짜 멋지게 성장하시는 모습 감동하였어요. 많이 배우고 갑니다. 해원칭 님 파이팅.

@421*******

진짜 너무 멋있어요. 포기하지 않고 나아가야 할 동기가 뿜뿜! 감사합니다.

@j.c****

'나는 반드시 된다' 덕분에 힘 얻고 갑니다.

@sin*******

늘 내 · 외면의 자기관리와 생각할 것을 던져주는 글들이 너무 좋습니다. 선한 영향력 뿜뿜! 해원 님 리스펙합니다.

@ik_******

반드시 된다!! 오늘도 아침 긍정 확언으로 시작했답니다. 해원 님의 피드를 보면서 한 번 더 확신을 갖는 계기가 되었어요. 감사합니다.

@_w***********

해원칭 피드를 볼 때마다 깨달음을 하나씩 얻어갑니다. 오늘은 상황이 어려울 때 침착하고 원하는 상태에 집중하는 걸 배웠습니다.

@heo****

덕분에 투덜거리지 않고 감사한 하루를 보낼 수 있겠어요. 감사해유

@wor********

라이프 위너에게 쏟아지는 찬사!   37

좋은 영향력을 품고 계시는 분!! 해원 님의 삶을 통해 다른 사람의 삶에 좋은 영향력이 발휘되길.

@min******

다시 한 번 감사함에 대해 생각할 수 있게 해주셔서 너무 감사드려요!

@y_u****

제게 없는 실행력, 부지런함, 건강 모두 갖추고 결국 목표한 걸 이뤄내시는 게 너무 대단해 보이고 멋져 보여요. 오늘도 자극받고 갑니다. 원하시는 거 꼭꼭 다 이루세요.

해***

해원칭 님, 정말 멋진 삶을 살고 계시네요! 저도 그 영향력을 받아 계속해서 발전해 나가겠습니다. 항상 감사드려요. 계속해서 응원하겠습니다.

모**

존경해요. 어려운 환경 속에서 탓하지 않고 이겨내서 그 누구보다 실천하면서 사시는 모습 멋있어요. 저도 닮을래요~!

gee***

스스로를 이겨내신 해원칭 님, 너무 멋지신 분이네요. 내적 단단함까지 느껴지는 찐멋쟁이 항상 응원합니다.

요**

무엇보다도 노력하시는 모습이 최고예요. 앞으로도 쭉 승승장구하길 응원합니다.

쓰******

자신에게 선물 같은 시간을 주시는 분이군요. 늘 파이팅입니다.

이*현

대단하시기도 하고 뭐든 해내시는 모습이 보기 좋고 멋지십니다.

남*욱

항상 응원하고 있어요. 도전 정신이 참 대단하신 것 같아요.

최다**

동기부여가 필요했던 시기에 해원칭 님이 자전거 국토종주하시는 걸 봤어요! 제게 엄청난 자극이 되네요. 마인드셋을 해야겠다 싶을 때에는 어김없이 해원칭 님을 찾게 됩니다. 갓생으로 힘을 주시는 해원칭 님, 감사해요!

@har**********

해원칭 님 피드를 보면 자기계발서 안 봐도 될 거 같아요.

@pil*******

자전거만 타는 줄 알았는데 운동도 열심히 하시고 생활하는 모습 보기 좋았습니다. 여러 사람의 길잡이가 될 것 같아요. 앞으로 큰 발전 있길 바랍니다.

충****

할 수 있다는 마음가짐이 정말 중요한 것 같아요! 운동이든 일이든 마음먹기에 따라 달렸다는 걸 느끼게 되더라고요. 해원 님 너무 멋지고 좋은 말 해주셔서 어찌나 감사한지 몰라요.

@7xl*******

라이프 위너에게 쏟아지는 찬사!

프롤로그

스티브 잡스, 마크 저커버그, 일론 머스크, 마윈. 이들은 모두 인생의 성공자, 라이프 위너다.

당신의 삶은 어떤가. 하루하루 멋지고 당당한 위너의 삶을 살고 있는가? 아니면 늘 비참하고 하루를 억지로 버티는 루저의 삶을 살고 있는가?

나는 원래 성공하려면 대단한 무언가가 있어야 한다고 믿었다. 금수저로 태어나거나 좋은 대학을 나오거나, 엄청난 재능을 가지고 있는 사람들처럼, 노력과는 별개의 다른 요소가 있어야 성공할 수 있다고 생각했다. 하지만 지금은 말할 수 있다. 아니다.

나도 인생의 성공자, 라이프 위너가 될 수 있었기 때문이다!

우리 집은 형편이 좋지 않아 여러 번 이사했다. 나는 전학을 자주 다니며 따돌림을 당한 적도 있고, 그래서 대인기피도 있었다. 실업계 고등학교를 졸업하고 들어간 첫 직장에서도 나는 늘 겉돌았다. 돈이 없어서 창문이 없는 고시원에 살았다. 자존감이 낮았고 패배주의에 빠져 살았다. 상대적 박탈감이 심해 누군가와 나를 끊임없이 비교하며 스스로 우울의 나락으로 떨어졌다. 돈을 벌기 위해 하고 싶지 않은 일에서 벗어나지 못

했고 결국 건강 악화로 이어졌다. 돈은 벌어도 모이기는커녕 빚만 늘어
갔다. 삶의 이유를 찾지 못한 채 무의미한 매일을 살았다.

삶을 바꾸고 싶었다.
이대로 생을 마감한다면 너무 억울할 것 같았다.
무작정 책을 읽었고 체력을 키우기 위해 운동을 시작했다.
내 생각을 기록하기 시작했다.

그러자 변화가 생겼다. 책을 통해 긍정적인 생각, 부의 마인드로 생각
전환이 이루어졌고, 나 자신의 가치를 깨달으니 낮았던 자존감이 채워졌
다. 이제는 강사, 마케터, 인플루언서 등 좋아하는 일을 하며 돈을 벌고
있다. 1,000여 일 넘게 미라클모닝을 하며 생산성 넘치는 새벽 시간을 보
내고 꾸준한 시각화를 통해 원하는 것들을 이루고 있다. 부의 마인드를
가지니 돈은 알아서 따라온다. 6,000만 원이 넘었던 빚을 모두 갚았고
연 소득은 점점 올라 곧 1억을 바라보고 있다.

운동을 통해 체력을 키우고 매일매일 성취감을 쌓고 있다. 다이어트에
성공하면서 인터뷰도 하고 바디프로필도 찍었다. 인스타그램, 블로그를
통해 운동 기록, 독서 기록, 생각을 공유하고 있고, 자전거 유튜브 채널
〈해원칭〉을 통해 경험을 나누고 있으며 2022년 자전거 국토 종주 그랜드

슬램을 달성했다. 나는 꾸준한 기록을 통해 나 자신을 알게 되었고, 잠재력을 발견했다. 덕분에 광고 촬영, 강의 제안 등 다양한 기회와 마주하게 되었다.

이 책은 루저였던 한 사람이 몸과 마음을 회복과 기록을 통해 라이프 위너로 성장하는 이야기를 담고 있다. '라이프 위너(Life Winner)'란 스스로 삶의 주인으로 살아가며 목표를 이뤄나가고, 건강한 마인드와 체력, 부를 이루며 사는 인생의 승리자를 말한다.

나는 멋진 사업체를 일궈 몇 억 대의 매출을 달성하거나 높은 경지에 이른 사람은 아니다. 나는 끊임없이 삶의 의미의 답을 알아내고 싶었다. 이 책은 내가 끊임없이 고민해서 나온 생각 요약집이다. 이 책을 통해 나처럼 평범한 사람도 할 수 있다는 이야기를 하고 싶었다.

더 나은 삶, 성공한 삶을 살기 위해서는 몸과 마음이 먼저 건강하게 채워져 있어야 한다. 끝없이 자신과 마주하고 자신을 괴롭히는 것들로부터 자신을 지켜야 한다. 나부터 내 편이 되어야 한다. 자신과의 대화를 통해 '내가 지금 잘하고 있다'고 확신한다면 무슨 일이든 해낼 힘이 생긴다.

현대사회 속에서 매일 힘들게 방황하며, 하고 싶은 일도 없이 우왕좌왕하고 있지는 않은가? 끝없이 찾아오는 우울함과 자격지심으로 무기력이 찾아오지는 않았는가?

"나도 삶이 변할 수 있을까?"
"자기관리, 자기 계발은 어떻게 시작해야 할까?"

당신이 인생을 살면서 한 번도 자신과 진심으로 마주해보지 않았다면, 지금까지 매일을 의미 없이 살아왔다면 라이프 위너의 '나를 뛰어넘는 7가지 기술'을 하나씩 실천해보라.

이 책이 처음 자기관리를 시작하는 사람의 입문서이자 지침서가 되기를 바란다.

꾸준히 부지런히 행복하게, 인생 승리로 나아가게 하는 비밀!
곧 라이프 위너가 될 당신을 진심으로 뜨겁게 응원한다.

최해원
이 책을 읽는 당신은
"라이프위너"입니다

추천사   030

라이프 위너에게 쏟아지는 찬사!   036

프롤로그   040

에필로그   334

PART 1. 자신과 정직하게 마주하라

밑바닥에서 더 많이 배운다   049

버티는 것도 능력이다   053

무언가를 간절히 원하라   060

준비된 자에게 기회가 찾아온다   066

PART 2. 체력은 모든 것의 기본이다

체력이 없으면 아무것도 할 수 없다   079

왜 늘 작심삼일로 끝나는가?   089

체력을 키우기 위한 식습관   099

운동을 기록하고 공유하라   108

PART 3. 마음 근육을 반드시 키워라

마음이 고프면 어떻게 할까?   123

멘탈도 훈련하면 단단해진다   136

주변에 휘둘리지 말고 소신을 가져라   146

책을 읽고 기록하고 공유하라   155

PART 4. 기록은 힘이고 발전이다

기록을 통해 자기 자신과 대화하라 169

기록은 아이디어의 원천이 된다 181

기록 습관으로 매일 업그레이드하라 187

기록이 내게 가져다준 승리들 195

PART 5. 수시로 극한에 도전하라

완벽주의에서 벗어나라 209

극한 도전 1. 바디프로필 – 신체를 한계까지 다듬다 213

극한 도전 2. 자전거 국토 종주 – 633km 한계를 경험하라 227

극한 도전 3. 대회 출전 – 극한의 희열을 느껴보라 244

극한 도전 4. 미라클모닝을 통해 매일 읽고 쓰기 – 삶의 변화를 직접 경험하라 250

PART 6. 타인을 존중하고 자신을 긍정하라

가장 강력한 아군은 나 자신이다 263

시각화와 긍정 확언이 열정을 깨운다 270

받고 싶은 만큼 남에게 해줘라 279

작은 성취감이 자존감의 토대가 된다 284

PART 7. 당신은 당신 삶의 주인공이다

먼저 뚜렷한 목표를 정하라 297

좋은 습관이 쌓여 승리를 만든다 305

상상만으로 가슴이 뛴다면, 지금 도전하라 313

실패가 쌓여 당신의 경력이 된다 319

위너의 사고로 전환하라 325

LIFE WINNER

PART 1

자신과 정직하게
마주하라

밑바닥에서 더 많이 배운다

성공은 삶에서 당신이 도달한
현재의 위치가 아니라 그동안 당신이 극복한 장애물이다.

− 부커 T 워싱턴 −

당신이 지금 밑바닥에 있다면, 무엇을 하고 있는가?

인생을 아파트에 비유한다면 당신은 어디에 살고 있는가? 지하에 사는
가? 한강이 보이는 펜트하우스에 살고 있는가? 가난과 부의 문제가 아니
다. 삶의 만족도, 주도성, 행복과 성장에 대한 것이다. 내 인생은 지금 펜
트하우스로 가는 길목에 있지만 10년 전만 해도 아주 깜깜한 지하 방에
있었다.

우리 집은 형편이 좋지 않아 내가 어렸을 적 여섯 번이나 이사했다. 엄

마는 이삿짐을 싸는 데 도가 텄고 나와 내 동생은 전학을 자주 다녔다. 나는 초등학교만 다섯 군데를 다녔는데, 도시에서 시골로 전학을 가면 도시에서 왔다고 따돌림을 당하고, 도시로 전학을 가면 시골에서 왔다고 따돌림을 당했다.

어느 날에는 치마를 입고 왔다고 괴롭혔다. 학교에 가기 싫었다. 열심히 공부하고 싶어서 속셈학원에 다니고 싶었지만 포기했다. 속셈학원 다니는 친구가 학원 숙제를 하기 싫다고 하면 대신 문제집을 풀어주기도 했다.

자존감은 뚝뚝 떨어졌다. 중학교 때도 마음 둘 곳 없는 건 마찬가지였다. 따돌림 당했던 경험 때문에 대인관계가 서툴렀다. 중학교 1학년 때 친했던 친구가 2학년 때는 다른 반이 되어 다른 친구들과 노는 것을 보고 인사를 피하기도 했다. 친구는 무척 당황스러웠을 것이다. 나는 친구를 어떻게 대해야 하는지 몰랐다. 관계를 이어 나가는 법을 배우지 못하고 고립된 생활을 했다.

가정 형편은 회복될 기미가 보이지 않았다. 회복은 커녕 부모님이 사업을 정리하게 되어 형편은 더 어려워졌다. 나는 자연스럽게 실업계 고등학교에 입학했다. 좋은 성적을 내면 돈을 많이 주는 곳으로 취업할 수 있을 것이라는 생각으로 나는 도서관에서 김밥 한 줄로 저녁을 때우며 열심히 공부했다. 선생님들은 내 성적을 보시며 '대학에 진학하면 좋을 텐데…' 하고 늘 아쉬움을 표하셨다. 그러나 내 의지는 확고했다. 빨리 졸업해서 돈을 벌어야 했다. 나는 밑바닥에서 내가 할 수 있는 일에 최선을 다했다.

밑바닥에서 위로 올라갈 디딤돌을 밟아라

밑바닥에 있었기 때문에 나는 독한 마음을 먹고 상황에 따른 순간 판단력을 키워나갈 수 있었다. 부모님은 워낙 바쁘셨기 때문에 내게 조언이나 충고를 하실 시간도 없었다. 속셈학원 갈 돈이 없으니 친구의 학원 숙제를 해주겠다는 선택도, 버스비를 아껴 걸어 다니고 실업계 고등학교에 진학해 빨리 취업하자는 선택도 스스로 결정했다. 밑바닥에서 하나씩하나씩 경험하고 배워갔다.

JTBC에서 방영된 골프 예능 〈세리머니 클럽〉에서 이성경은 어려웠던 시절을 고백했다. 모델로 연예계 활동을 시작하여 〈치즈인더트랩〉, 〈역도요정 김복주〉, 〈낭만닥터 김사부2, 3〉 등에 출연하여 세련되고 도회적인 이미지로 인기를 끌고 있는 이성경은 어떻게 보면 흙수저라고 할 수 있다.

그녀는 공장을 운영하던 아버지가 부도를 맞게 되어 판자촌에서 산 적도 있다고 밝혔다. 이성경의 가족은 7살 때부터 고등학생 때까지 7~8평 정도 되는 아파트에 살았다. 친구가 그녀의 집에 놀러왔다가 "이 집에서 어떻게 살아?"라고 할 정도였다. 이렇게 어려운 형편이었지만 늘 목표가 있었으며 긍정적이었다. 30평대 아파트와 SUV 사진을 붙여놓고 온 가족이 모여 기도했다. 부모님은 딸이 다양한 경험을 하길 바랐고, 슈퍼모델 대회에 참가하기를 권했다. 이성경은 인터넷을 보고 혼자 워킹 연습을 하며 대회에 나가 결국 합격했다. 그리하여 이성경은 역경을 디딤돌삼아 차근차근 성공의 길을 밟았다.

"너무너무 저한테 감사한 일이에요. 이 기억들이."
– JTBC 〈세리머니 클럽〉 중에서

인생을 살다 보면 내 맘대로 되는 게 하나도 없다. 그렇다고 현실에 안주하고 좌절할 수는 없다. 역경을 헤쳐온 사람들에게는 강한 힘이 있다. 달라지고 싶다는, 성공해야 한다는 뚜렷한 이유와 동기가 있다. 나에게도 열심히 노력하는 사람에게는 반드시 좋은 일이 생길 것이라는 믿음이 있었다. 토머스 칼라일은 "길을 가다가 돌이 나타나면 약자는 그것을 걸림돌이라고 말하고 강자는 그것을 디딤돌이라고 말한다"라고 했다. 나는 내 앞에 수없이 나타난 돌들이 걸림돌이 아닌 디딤돌이 되기를 간절히 바랐다.

준비했던 대기업 생산직 면접에서 떨어졌다. 같은 시기에 친구들은 한 명씩 취업처가 결정되어 타지로 떠났다. 대학에 합격한 아이들은 OT에 참여하고, 연애를 시작하고, 대학 근처에서 자취할 준비를 했다. 나만 홀로 남은 기분이 들었다. 마음이 무너지고 다 포기하고 싶었다. 그러나 디딤돌을 하나씩 하나씩 건너간다고 생각했다. 나에게도 곧 기회가 오겠지, 생각하고 면접 준비를 하며 기다렸다. 스무 살 3월, 생산직에 최종 합격하여 입사했다. 밑바닥 캄캄한 지하 방에서 지상으로 나와 성공을 향한 첫 번째 디딤돌을 밟았다.

버티는 것도 능력이다

Never Back Down.
(절대 물러서지 마.)

– 영화 〈허슬〉 중에서 –

벽을 만나면 절대로 뒤로 돌아서 포기하지 마라

영화 〈허슬〉에서 주인공 보(Bo)는 NBA 입단이라는 이루기 불가능해 보이는 목표를 향해 나아간다. 그 과정에서 여러 번 벽에 부딪치는데, 그럴 때마다 그를 스카우트한 스탠리는 "Never Back Down(절대 물러서지 마)."이라고 그를 격려하고, 보는 결국 꿈을 이룬다.

누구나 살면서 인생의 벽을 만난다. 아무리 해도 넘을 수 없을 것 같은 거대한 벽이 앞에 버티고 서 있으면 무력감에 휩싸인다. 주저 앉아 포기하고 싶어진다. 하지만 버티고 버티는 자만이 벽 너머의 풍경을 볼 수 있다.

나는 인생의 벽을 만나 괴로운 시간 속에서 꿋꿋하고 독하게 버티고 버텼다. 그리고 지금은 벽 너머의 멋진 풍경을 알고 있다.

스무 살에 대기업 생산직으로 입사하며, 나는 이것이 내 인생의 첫 번째 디딤돌이라 생각했다. 태어나서 처음 해보는 3교대 근무를 하며 정신 없이 지냈다. 그러나 교대근무 때문에 건강이 나빠지기 시작했다. 거기에 선배들의 텃세도 심했다. 학교에서 인간관계에 서툴렀던 내가 사회로 나와 잘하게 될 리 없었다. 나는 여전히 사람과 잘 지내는 법을 몰랐고 때문에 일에 적응하는 데도 오랜 시간이 걸렸다. 사수는 나를 보자마자 '난 그냥 네가 싫어.'라고 했다. 서러웠지만 꿋꿋하게 매일 웃으며 인사했다. 독하게 버텼다.

학교와 사회는 정말 너무나도 달랐다. 학교는 100%만 잘하면 칭찬받지만, 사회는 100% 잘하는 건 당연한 거고 150%, 200% 이상 잘하기를 원하는 곳이었다. 열심히 했지만 경험이 없었고, 일머리가 부족해서 실수를 반복했다. 메모해도 잊어버리고 늘 궁지에 몰렸고 땀을 엄청나게 흘렸다.

"어떤 일을 시도할 땐 장애물을 만나기 마련이다. 나도 그랬고, 모든 사람이 그렇다. 그러나 장애물이 너를 멈추게 해서는 안 된다. 벽을 만나면 절대로 뒤로 돌아서 포기하지 마라. 어떻게 올라갈 건지 뚫을 건지 둘러 갈 건지 고민해라." – 마이클 조던

조던의 말처럼 나는 많은 벽을 만났지만 주저앉지 않았다. 넘어질 때도 있었지만 그때마다 다시 일어났다. 도망치지 않았다. '여기서 도망치면 아무것도 안 돼. 아무 일도 일어나지 않고, 나는 이대로 살게 될 거라고.' 그러니 주어진 일에 최선을 다하는 수밖에 없었다.

하루는 외부 업체에서 감사를 나왔는데 하필 신입사원인 내 자리로 왔다. 나는 내가 아는 선에서 성실하게 답변했고 외부 업체는 내게 좋은 인상을 받은 것 같았다. 그래서 분기마다 시상하는 자리에서 상을 받게 되었다.

원래는 실적을 거둔 5년 차 이상의 대리, 과장급이 받는 상이었다. 신입사원이 상을 받았다는 사실에 자극받은 선배들의 괴롭힘은 더 심해졌고 누군가의 '작전'으로 궁지에 몰리는 일이 많아졌다. 그나마 친했던 선배들은 다 퇴사하고 저마다 갈 길을 찾아 떠났다. 믿었던 동기마저 나를 외면했다. 큰 충격과 상처를 받은 나에게는 마음 둘 곳이 없었다. '이 정도면 오래 버틴 것 같아.' 그렇게 나의 버티기 1라운드가 끝이 났다.

'오늘도 잘 버텼다!'고 말하라

나는 콜센터로 이직했다. 지금은 상담원을 보호해주는 법률이 강화되었지만 그 당시에는 진상 고객이 많았다. 나의 버티기 2라운드가 이곳에서 시작되었다. 선배들은 버틴 날들을 달력에 X표로 기록하고 있었다. 하루 8시간 전화를 받으며 진상 고객과 사투를 벌였다. 다짜고짜 전화해서 욕을 하는 고객도 있다. 전화를 왜 늦게 받느냐는 둥, 거기는 일하는 사람이 없냐는 둥 직통번호를 묻기 시작하는 고객도 있다. 직통번호는

따로 없다고 안내해도 말이 통하지 않는 경우가 대다수였다. 했던 말을 또 하고 또 하고, 또 하고 있으면 모니터링하던 팀장님이 내 자리로 오는 게 보였다. 전화를 빨리 끊고 실적을 채워야 하는데 20분간 통화가 이어지고 있기 때문이다. '저도 빨리 끊고 싶어요. 팀장님….'

한번은 불만 신고를 당한 적이 있다. 규정상 불가능한 일이었지만, 그래도 유연하게 '한 번 알아보겠습니다.'라고 대답한 후에 어렵다고 했어야 했는데, 직설적으로 '어렵습니다. 안 됩니다. 고객님.'이라고 대답한 것이다. 고객은 화가 나서 불만 신고를 했다. 불만 신고 당한 것을 알게 된 그날은 온종일 기분이 좋지 않았고, 자괴감마저 들었다.

그렇게 정신없는 하루가 끝나면 선배, 동기들과 '오늘도 잘 버텼다'고 서로를 위로하며 달력의 오늘 날짜에 X표를 하고 퇴근했다.

우여곡절이 아주 많았던 콜센터 근무 동안 나쁜 일들만 있었던 건 아니었다. 정말 천사 같은 고객도 있었다. 퇴근 전 마지막으로 받은 고객의 불만 건을 늦게까지 남아 함께 처리해주셨던 팀장님도 있다. 퇴사한 지 10년이 지났지만, 친했던 동료, 언니, 친구들은 지금까지도 연락하며 지내고 있다. 지금은 사는 곳, 직장, 상황 등은 다르지만 동병상련의 동지로서 끈끈한 관계를 유지하고 있다.

새들은 바람이 부는 날 집을 짓는다

이외에도 내가 버티고 버텼던 일들은 많다. 지금 생각해보면 '버티기를 잘했지!' 싶은 일이 훨씬 더 많다. 대기업 근무를 통해 조직의 체계를 배울 수 있었고, 운영되는 방식과 철저한 시스템에 대해 직접 경험해볼 수 있었다. 작은 소모품까지 시트를 작성하며 입출고를 기록하는 체계, 주기적인 교육, 불합리 사항 제출 등을 통해 대기업이 끊임없이 발전하며 유지될 수 있는 이유와 누락과 실수 없이 꼼꼼하게 일하는 방법을 배웠다. 사람의 질투라는 감정이 이렇게도 무서운 것이라는 점, 직장생활은 일보다도 사람과의 관계가 더 힘들다는 것도 깨달았다. 덕분에 기가 세졌고 만만해 보이지 않는 법을 터득했다.

콜센터 근무를 하며 말을 조리 있게 할 수 있게 되었다. 화가 난 고객을 진심으로 위로하는 방법, 고객의 요구사항을 빠르게 습득하는 방법을 배웠다. 이제 어디서 말 못 한다는 소리는 거의 듣지 않는다. 프레젠테이션도 강의도 콜센터의 내공 덕에 더 잘하게 되었다. 처음 만난 사람과도 자연스럽게 대화를 할 수 있게 되었고, 대화를 나누다 보면 어떤 성향의 사람인지 내가 어떻게 대해야 할지 감이 잡힌다. 버티기 라운드에서 배운 교훈과 깨달음은 훗날 나의 사회생활에 영향을 미쳤고 그로 인해 좋은 기회를 더 얻고 돈을 더 벌 수 있는 기초 토대를 마련해주었다.

버티는 것도 능력이다. 매사에 끝을 보고 버티지 않는다면 정말 필요할 때는 버티지 못하고 무너질 것이다. 왜냐하면 지금껏 버티는 능력을 키우지 않았기 때문이다.

정호승의 산문집 『내 인생에 용기가 되어준 한마디』 중에는 이런 내용이 있다.

"새들은 바람이 가장 강하게 부는 날 집을 짓는다."

더 강한 바람이 불어도 무너지지 않을 튼튼한 집을 짓기 위해서라고 한다. 태풍이 불어도 새들의 집은 쉬이 날아가거나 부서지지 않는다.

이렇게 새들도 집을 견고하게 짓기 위해 바람이 강한 날 집을 짓는다. 바람을 맞아가며 지으니 무척 힘들 것이다. 하지만 그 노력이 꾸준하게 있었기에 집은 단단하게 지어졌고 쉬이 무너지지 않을 것이다. 내 인생도 그랬다. 늘 바람이 강하게 불었지만, 그 바람 속에서도 집을 짓기 위해 나뭇가지를 하나씩 하나씩 모아다 집을 지었다. 지금도 아직 완성되지 않았지만 서서히 집의 모양을 갖춰나가고 있다. 버티면서 지은 집이니 나중에 어려운 일이 생겨도 쉬이 무너지지 않을 것이다.

당신도 지금 버티고 있는가? 버티고 있다면 뜨겁게 응원한다.

지금 당장은 무척 고통스럽고 하루하루 힘이 들겠지만 이렇게 키운 버티는 힘은 언젠가 당신이 정말 간절할 때 큰 힘이 되어줄 것이다. 그리고 나중에 돌아보면 분명히 배운 것들, 깨달은 것들이 있을 것이다. 다시 한번 말하지만 버티는 것도 능력이다. 당신은 충분히 잘하고 있고 앞으로도 잘될 것이다.

나를 라이프 위너로 만든 문장들

살다 보면 희망이 절망에게 돌연 바통을 넘기고 물러나기도 하지만 언젠가

절망 또한 그 바통을 다시 희망에게 넘겨준다.

− 『따뜻한 냉정』, 박주경, 파람북

66

지나온 삶을 돌아보면 불행과 행복은 연달아 오는 것 같다. 좋은 일
만 계속 일어나지 않고 나쁜 일만 계속 일어나지 않는 걸 보면, 불행
과 행복은 짝꿍인지도 모르겠다. 나에게 불행이 찾아왔다고 너무 낙
심하지 말아야겠다. 불행은 곧 행복에게 바통을 넘겨 줄 것이다. 나에
게도 당신에게도 불행이 온 뒤에 행복이 뒤쫓아 올 것이다.

99

무언가를 간절히 원하라

성공에 완전히 몰입하는 사람이
인생에서 행운을 얻는다.

– 『10배의 법칙』 그랜트 카돈 –

간절하면 일사천리(一瀉千里), 도전하면 전화위복(轉禍爲福)!

인생은 끊임없는 도전과 시련을 안겨준다. 사람은 다양한 삶 속의 어려움을 이겨내고 간절히 바라는 것들을 실현할 수 있는 열망과 힘을 가지고 있다. 미국의 전설적인 록 밴드 너바나(Nirvana)의 프론트맨이었던 커트 코베인은 "열정 없이 사느니 차라리 죽는 게 낫다."라고 말했다.

당신은 간절한 열망이 있는가? 인생을 살면서 꼭 해내야 하는 절실한 무언가를 품고 있는가? 마음속에서부터 우러나오는 감정. 그 진심어린 감정을 마음에 새기고 반복하며 원한다면 누구보다 빠르게 원하는 목표를 이룰 수 있다.

나는 스트레스 가득했던 콜센터 일을 그만두고 일반 기업에 입사했다. 회사 업무에 적응할 무렵, '내가 하고 싶은 건 뭘까?'라는 고민이 들기 시작했다. 돈 때문에 하는 일 말고, 내가 정말 하고 싶은 일이 무엇인지 생각했다. 떠오른 것은 배움이었다. 배움에의 갈급함. 공부를 더 하고 싶다는 마음이 들었다. 하지만 부모님에게 학비를 지원받을 상황도 아니었던데다 일을 그만두고 학교에 다니면 생활비 감당이 쉽지 않을 것 같았다. 고민하다가 '그렇다면 일하면서 학교에 다녀보자!'라는 마음으로 야간대학을 찾아보았다. 검색 중 내가 사는 지역에서 야간대학을 운영하는 국립대학교를 발견했다.

그때쯤 회사는 마침 야간대학이 있는 지역으로 이사를 하게 되었다. 회사에서 학교까지 거리는 30분이나 가까워졌다. 엄마와 야간대학 진학에 관해 이야기를 나누고 얼마 후, 신기하게도 한 학기 등록금만큼의 돈이 생겼다. 일사천리(一瀉千里)로 일이 진행될 것 같은 기분이 들었다. 비밀로 하고 다닐 수는 없으니 사장님께 말씀을 드려야 했다. 나는 스스로 당당하고 싶었다. 야근도 못 하고 회식도 참석 안 하고 주경야독 한다고 하면, 회사 일에 지장을 주는 건 아닐지 염려하실 수도 있겠다는 생각이 들었다. 분명하게 말씀을 드려야 했다.

두려운 마음이 있었지만 절실했기에 '나는 할 수 있다'고 되뇌며 사장님께 말씀을 드렸다. 사람 일은 믿는 대로 되는 걸까? 사장님은 '배움은 아주 좋은 것'이라고 호탕하게 말씀해주셨고, 열심히 공부하라고 응원해주셨다. 나를 배려해 회식도 점심에 해주셨다. 나는 그렇게 온 우주의 격려에 힘입어 야간대학에 입학했다.

마침 그때 한국장학재단 국가장학금 제도가 생겼다. 친구들보다 대학을 4년이나 늦게 갔지만 덕분에 더 많은 혜택을 누리게 되었다. 이게 바로 전화위복(轉禍爲福)일까! 나는 정말 열심히 공부했다. 1학년 1학기 학비를 제외하고는 7학기 내내 장학금을 받고 졸업했다.

○ 수혜내역

순번	년도	학기	대학명	지급금액	
1	2013	1			
2	2014	1			
3	2014	2			

** 〈한국장학재단 장학금 수혜 내역〉 야간대학 8학기 중 1학기만 제외하고 장학금을 받았다.

당신도 원하는 것이 있는가? 이루리라 믿어 의심치 말라!

라이프 위너는 원하는 일을 이미 이루었다고 생각하고 이뤄낸 사람처럼 행동한다. 그들은 늘 목표에 시선이 향해 있고 목표를 이루기 위한 마음가짐을 매일 새롭게 한다. '이미 이루었다'는 이 마음가짐은 자신의 태도를 크게 변화시킨다. 그들은 전혀 의심하지 않고 나아간다.

야간대학 재학 당시 나의 주경야독 일과는 아침 9시부터 6시까지 회사

근무, 7시부터 10시까지 학교 수업이었다. 밤 11시쯤 집에 들어와 새벽 1~2시경까지 과제를 하다 잠자리에 들었다. 이 생활을 4년 동안 했다. 토요일에도 학교에 갔다. 누가 시켜서 하는 일이 아니라 나 스스로 간절하게 하고 싶은 일이었기에 해낼 수 있었다.

대학 3학년 때 수업 난도가 높아졌다. 퇴근 후 저녁을 못 먹고 과자 등 주전부리로 허기를 채우며 수업을 들으니 영양 불균형이 왔다. 매일 새벽까지 과제를 해야 하니 수면 부족까지 겹쳐 결국 건강이 무너졌다. 잇몸에서 이유 없이 피가 났다. 그 이후 나는 회사의 배려로 30분 일찍 출근하고 30분 일찍 퇴근하여 저녁 밥을 든든히 챙겨 먹으며 학교에 다닐 수 있었다.

주경야독 4년. 나는 우리 과 주·야간 통틀어 수석으로 졸업했다. 학장님과 악수도 하고 졸업식 날 단상에 올라가 상도 받았다.

▣ 학기성적

학년도	학기	신청	이수	총점	평점	백분위
2014	2	15	15	67.50	4.500	98.64
2014	1	15	15	67.50	4.500	98.40
2013	2	16	16	72.00	4.500	98.50
2013	1	19	19	84.00	4.421	97.05
2012	2	18	18	81.00	4.500	97.78
2012	1	20	20	88.50	4.425	97.55
2011	2	19	19	85.50	4.500	97.32
2011	1	18	18	80.00	4.444	97.39

** 〈야간대학 성적〉 야간대생이라 대충 공부한다는 소리를 듣고 싶지 않았다.
인생의 마지막 기회라 생각하고 정말 열심히 공부했다.
결석도 안 했고, 그 결과 주·야간 과 수석으로 졸업했다.

간절히 원하고 그것을 이미 이루었다고 상상하면 실제로 이루어진다. 『The Secret 시크릿』의 저자 론다 번은 "당신은 원하는 걸 이미 받았다고 믿어야 한다."라고 말한다. 나는 누구보다 간절하게 이미 원하는 일을 이뤘다고 믿었고 그렇게 행동했다. 피그말리온 효과라는 말이 있다. 무언가에 대한 믿음이나 기대가 실제로 일어나는 경향이다. 교육심리학자 로버트 로젠탈은 이를 실험으로 입증했다.

나는 원하는 것이 될 것이라고 믿었고 이루어질 수 있는 방법을 찾아다녔다. 늘 방법은 있었고, 놀랍게도 상황이 좋은 쪽으로만 풀렸다. 회사가 학교 근처로 이사하고, 사장님이 흔쾌히 야간대학과 출퇴근 시간 조정을 배려해주시고, 장학금 제도의 수혜를 받아 열심히 공부해서 수석으로 졸업했다. 물론 내가 하고 싶은 일을 고민했고, 사장님께 먼저 용기내 말씀드렸고, 열심히 공부했기 때문에 좋은 결과가 따라왔다고 말할 수도 있다. 하지만 간절한 마음이 아니었으면 나는 그렇게 하지 못했을 것이다. 나는 나의 절실한 마음이 우주에 전달되었음을 믿는다.

당신도 원하는 것이 있는가? 정말 간절히 원하는가? 원하는 대상에 집중하라. 간절히 원하면 그 일을 달성하기 위해 내가 무엇을 해야 하는지 알 수 있다. 해야 할 일을 충실히 하고, 이미 해냈다고 생각하며 차근차근 도전하자. 간절히 원하고 행동해 반드시 이루어내는 라이프 위너가 되어보자.

나를 라이프 위너로 만든 문장들

낙관주의는 … 지더라도 다시 한번 도전하려는 태도이다.

– 『서천석의 마음 읽는 시간』, 서천석, 김영사

"

해낼 수 있다는 자신에 대한 낙관주의를 가지고 있으면 지더라도 한 번 더 도전하는 힘이 생기는 것 같다. 버티는 것이 아닌 한 번 더 도전하는 태도. 할 수 있는 마음가짐이 중요하다.

"

준비된 자에게 기회가 찾아온다

기회는 늘 주어지는 것이 아니라 섬광처럼 왔다가 섬광처럼 지나간다.
섬광 같은 기회를 잡느냐 놓치고 마느냐는 온전히 자신의 선택에 달려 있다.

– 『꿈이 그대를 춤추게 하라』, 고도원 –

찾아온 기회를 붙잡을 능력을 길러라

행운의 여신은 갑자기 찾아오고, 기회는 운명처럼 찾아온다. 행운의 여신이 내게 미소 지으며 기회를 줄 때 잡을 준비를 해둬야 한다. 기회의 신 카일로스는 앞머리가 풍성한 것으로 묘사된다.

그 이유는 사람들이 '기회'를 쉽게 알아차릴 수 없도록 하기 위함이라고 한다. 준비되지 않으면 기회를 알아차릴 수 없다. 분별할 수 있는 지혜를 갖춰야만 기회를 알아보고 그의 풍성한 앞머리를 붙잡을 수 있을 것이다. 재미있는 점은 기회의 신의 뒷머리는 대머리라는 것이다. 그래서 좋은 기회는 당장 붙잡지 않으면 다른 사람에게 넘어가 잡을 수 없게 된다.

나는 현재 90만 회원을 보유한 '월급쟁이 재테크 연구 카페'에서 SNS 수익화를 주제로 강의하고 있다. 물론 나 역시 인스타그램이나 블로그를 평범하게 친구나 지인과 일상을 공유하는 수단으로 사용했다.

그러다 우연히 많은 사람이 SNS를 이용하여 제품과 식사권 등을 협찬 받고 무자본 수익 창출을 하며 온라인 빌딩을 차곡차곡 쌓고 있다는 것을 알게 되었다. 자본이 없는 나에게 무자본으로 돈을 벌 수 있다는 점이, 지방에 사는 나에게 공간의 제약 없이 일할 수 있다는 점이 큰 매력으로 다가왔다. 인터넷상에서 돈을 버는 것이니 시간에 제약이 없는 점 또한 장점이었다.

무작정 공부를 시작했고 시도해 보았다. 어차피 망해도 손해 보는 건 시간밖에 없다고 생각했다. 수많은 시행착오를 겪었지만 포기하지 않았다. 덕분에 인스타그램, 블로그, 유튜브는 차근차근 가도를 타기 시작했다. 지금은 인스타그램 1만, 블로그는 누적 방문자 58만, 유튜브 구독자는 3,800명가량이 되었고 지금 이 순간에도 점점 늘고 있다.

제품 협찬을 월 평균 10건 이상 받게 되었다. 광고 수익이 생기기 시작했고 대접받으며 일하고 있다. 파이프라인이 점점 늘어나 잠을 자는 시간에도 돈이 들어온다. 내가 경험한 것들을 꾸준히 기록하고 인증하고 있다.

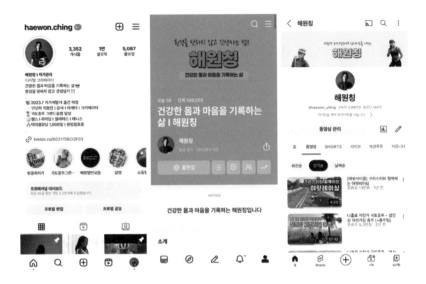

어느 날 네이버 카페 '월급쟁이 재테크 연구 카페' 매니저로부터 연락이 왔다. 그동안의 온라인 수익화 성과를 토대로 카페 회원들을 대상으로 강의해달라는 제안이었다. 처음 메일을 받았을 때는 거짓말인 줄 알았다.

'나에게 이런 기회가? 나 말고도 대단한 사람들이 많은데 나에게 기회가 찾아오다니….'

나는 꿈처럼 찾아온 기회를 바로 잡아챘다. 그동안 시행착오를 겪으며 알게 된 지식을 모아 강의를 준비했고 지금은 누적 수강생 500명이 넘은 '엄지척 강의'로 인정받았다.

나만의 능력을 키워 기회를 잡아라

지금은 퍼스널 브랜딩 시대이다. 누구나 자신의 역량을 발휘해 온라인으로 돈을 벌고 사람을 가르칠 수 있다. 초고수가 아니어도, 석박사가 아니어도 가능하다.

어떻게 시작해야 할까? 온라인 세상을 내 재능을 알리는 통로로 사용해야 한다. 중요한 것은 아무리 좋은 콘텐츠를 올려도 기회는 알아서 찾아와주지 않는다는 점이다. 기회를 잡기 위해서는 나를 수시로 알려야 한다. '나는 이런 일을 잘하고 이런 스토리를 가진 사람입니다.' 온라인 전단을 배포한다는 생각으로 여기저기에 나를 알려보자. 나는 블로그 체험단의 경험을 차곡차곡 쌓았고, 블로그 알고리즘에 대한 이해와 포스팅이 상위노출 되는 방법, 블로그 잘 쓰는 방법을 공유했다. 그 결과 브랜드 블로그 마케팅 대행 일도 하게 되었고, N잡러로서 발판을 마련하기 시작했다. 요즘은 배울 수 있는 곳이 아주 많다. 관심 있는 분야가 있다면 차근차근 배우면 된다. 자기 적성에 맞고 재미있는 일, 남보다 조금 더 잘하는 일이 무엇인지 생각해보자. 재능을 전문화하면 수익화로 이어질 수 있다.

** 〈재테크 카페 강의〉 90만 회원이 활발하게 활동하는 '월급쟁이 재테크 연구 카페'에서

SNS 수익화를 주제로 강의하고 있다. 강의는 100% 온라인으로 진행된다.

카페 내 인기 강의로 자리 잡아 많은 수강생과 알찬 배움의 시간을 보내고 있다.

포기하지 않는 강인함을 가져라

중국의 인터넷 플랫폼 서비스 알리바바를 창업한 마윈은 투자를 받고
싶었지만, 회사가 저평가되어 서른여덟 차례나 거절당했다. 그러나 포기
하지 않고 실력을 쌓아 마침내 골드만삭스, 소프트뱅크로부터 투자를 받
았다. 마윈이 소프트뱅크 손정의 회장으로부터 받은 투자금 2천만 달러
는 알리바바가 상장되면서 3,000배로 성장했다.

기회를 잡기 위해서는 알리바바의 창업자 마윈처럼 거절을 두려워해
서는 안 되고 끝까지 포기하지 않아야 한다. 내가 가는 길에 확신이 있고
실력을 꾸준히 키워나가며 나를 어필한다면 나의 가치를 알아줄 사람이

나타나게 돼 있다. 지금 하는 노력이 당장 돈이 되지 않고 쓸모없고 의미가 없어 보인다 생각할 수도 있지만, 의미 없는 일은 없다. 언젠가 내가 경험한 것들이 다 사용되게 될 것임을 믿자.

나 또한 생산직 일을 하며 돈 버는 것 외에는 아무 의미가 없었다고 생각했고, 콜센터 근무를 하면서는 화병에 걸릴 것 같은 하루하루를 버티며 보냈다. 당시에는 무슨 소용이 있나 생각했지만, 시간이 지나고 돌아보니 많은 것을 배웠고 내 인생에 의미 있는 시간이었다. 좋은 사람을 만났고, 많은 경험을 했으며 호락호락하지 않은 사회를 일찍이 경험했다.

그동안의 경험과 사건이 나 자신을 만들어간다. 다양한 경험과 공부는 당신에게 많은 기회를 안겨줄 것이다. 자신과 꾸준히 정직하게 마주해보자. 포기하지 말고 강인해져라. 갑자기 찾아온 기회를 알아차릴 수 있게 될 것이다. 지금 너무 힘이 드는가? 당신은 잘하고 있다. 더 나은 삶을 살아갈 라이프 위너로 한발 한발 나아가고 있다는 증거다.

TIP 온라인 교육 플랫폼

다양한 온라인 교육 플랫폼이 있다. 관심이 있는 분야의 강의를 수강할 수 있고, 누군가를 가르칠 수 있는 내용이 있다면 강사가 되어 수익 창출을 할 수도 있다.

잘하는 분야가 있다면 체계화시켜 도전해보자. 누구나 가르칠 수 있는 시대가 되었다.

다음은 온라인 교육 플랫폼과 그 특징이다.

1. **클래스101** : 강의 플랫폼 중 가장 큰 규모로 구독 서비스를 통해 약 4,800개의 강의를 저렴한 가격에 들을 수 있음

2. **크몽** : 전자책이나 VOD를 통해 배우고 싶은 내용을 배울 수 있고, 직접 전문가를 찾아 1:1로 의뢰도 가능함

3. **탈잉** : 온오프라인을 합쳐 3만여 명의 튜터가 있고, 200개 분야의 강의를 진행하고 있음

4. **MKYU** : 스타 강사 김미경이 설립한 온라인 교육 플랫폼. 3050 여성을 대상으로 바로 수익화를 창출할 수 있는 여러 가지 교육을 제공함

5. **클래스유** : 60,000개의 강의가 있는 커뮤니티형 온라인 강의 플랫폼

나를 라이프 위너로 만든 문장들

역경을 긍정적으로 받아들여 그것을 도약의 기회로 삼는 것, 그것이 바로 회복탄력성의 핵심이다.

— 『회복탄력성』, 김주환, 위즈덤하우스

> 역경을 긍정적으로 보는 것은 쉽지 않다. 왜 나에게 이런 역경이 찾아왔는지 원망하는 마음이 먼저 들기 때문이다. 회복탄력성을 가지고 역경을 도약의 기회로 삼아보는 것이 우리가 지녀야 할 마음가짐이다. 모든 역경에는 의미가 있음을 기억하자.

라이프 위너가 말한다! Life winner says…

"할 수 있다, 할 수 있다, 할 수 있다!"

나는 『라이프 위너』를 통해 나처럼 힘든 시절을 겪고 있는 사람들에게 힘을 주고
싶다. 그럼에도 불구하고 희망이 있고 포기하지 말라고 꾸준함을 무기로 잘 해나
갈 수 있다는 이야기를 해주고 싶다.

여러분도 할 수 있다. 하루하루가 버겁고 힘든 삶을 살고 있다면 그럼에도 불구
하고 희망이 있다는 사실을 늘 잊지 않고 살았으면 좋겠다. 자신을 돌보고 아껴
줬으면 좋겠다. 여러분이 가치 있는 존재이고, 이 세상에 태어난 의미가 있다는
것을 잊지 않았으면 좋겠다. 하루하루 힘들지만 하고 싶은 일을 하루 일과에 단
10분이라도 해보면서 스스로에게 집중하는 시간을 가졌으면 좋겠다. 삶은 나아
질 수 있다. 간절히 원하고 차근차근 이뤄나가길 응원한다.

LIFE
WINNER

PART 2.

체력은 모든 것의
기본이다

체력이 없으면 아무것도 할 수 없다

운전해 줄 사람이나 돈을 벌어 줄 사람을 채용할 수는 있지만,
대신 아파 줄 사람은 구할 수 없다.

– 스티브 잡스 –

후회 없는 삶을 위해 체력을 키워라

『태도에 관하여』, 『자유로울 것』, 『어디까지나 개인적인』, 『나라는 여자』
등으로 알려진 작가 임경선은 경향신문 칼럼 〈새해의 자가 진단 체크리
스트〉에서 가정생활을 제외하고는 글을 쓰거나 글을 쓰기 위한 운동과
독서로 일과가 채워진다고 말한다. 컨디션이 훅 무너질 때는 평소 꾸준
히 하던 운동을 빼먹었는지 자가 진단을 해본다고 밝혔다.

그녀가 칼럼에서 말하듯, 우리 삶을 구성하는 것은 한 가지가 아니다.

여러 구성 요소 중 체력을 키우고 컨디션을 관리하는 것은 매우 기본적이며, 다른 활동을 지탱해주는 베이스가 된다. 체력이 부족하다면 일상생활에서도 불편을 겪는다. 에너지가 부족하고 집중력이 떨어지며 면역력이 저하된다.

라이프 위너로 살아가기 위해 강인한 체력은 기본이다. 체력이 없으면 아무것도 할 수 없고, 체력이 소진되면 사람은 무기력에 빠진다. 만사가 귀찮고 하루하루가 피곤하다.

"네가 이루고 싶은 게 있다면 체력을 먼저 길러라. 체력이 약하면 빨리 편안함을 찾게 되고, 그러면 인내심이 떨어지고, 그리고 그 피로감을 견디지 못하면 승부 따위는 상관없는 지경에 이르지."
– tvN 드라마 〈미생〉 중에서

당신에게 뚜렷하게 이루고 싶은 목표가 있다면 체력을 키워야 한다. 체력이 받쳐주지 않아 편안함을 찾게 되면 목표를 이룰 수 없거나 이루는 데까지 더 긴 시간이 걸린다. 체력을 키워 일상의 컨디션을 관리하는 것은 라이프 위너의 기본이며 건강과 행복을 위한 필수 요소이다.

하고 싶은 일을 체력 걱정 없이 하는 기쁨!

나는 운동과는 거리가 먼 사람이었다. 운동은 숨쉬기 운동과 등하교, 출퇴근을 위한 걷기만 할 뿐, 다른 운동은 해본 적이 없었다.

스무 살 생산직 근무 시절부터 여기저기 아프기 시작했다. 일주일마다 근무 시간이 변하는 3교대 근무 방식은 나에게 맞지 않았고 몸의 리듬을 완전히 깨 버렸다. 업무도 익숙하지 못하니 신경이 항상 곤두서 있었고 매일 편두통을 앓았다. 월경 시에 시키면 피가 나왔다. 기숙사 생활 중 가공식품을 매일 먹어 얼굴에 여드름이 많았고, 소화가 잘되지 않아 자주 체했다. 매년 환절기마다 기관지염에 걸렸다. 콜센터 근무 시에는 월경통이 심해져서 데굴데굴 구른 적도 있다. 약을 먹어도 내성이 생겨 잘 듣지 않았다.

가장 힘들었던 건 면역력이 떨어질 때마다 찾아온 방광염이었는데 찌릿찌릿 찌르는 고통이 너무 힘들었다. 한번은 아침에 출근해서 공복에 독한 방광염약을 먹었다가 속이 뒤집혀 게워낸 적도 있었다.

이런 몸 상태로 야간대학에 입학했으니 체력이 버티지 못했다. 잠은 하루에 4~5시간 자면서 아침부터 늦은 밤까지 업무와 공부를 해야 했으니 나의 몸은 한계에 치달았다. 없던 꽃가루 알레르기가 생겼다. 구내염은 한번에 두세 개씩 생기고 일주일 이상 나을 기미가 보이지 않았다. 기관지염에 걸리면 열흘씩 낫지 않았다. 손톱이 얇아져 부서지고 머리카락은 갈라져 푸석푸석했다.

이대로 가면 20대에 죽을 수도 있겠다고 생각했다. 삶의 질이 너무 떨어졌다. 몸이 피곤하고 아프니 자연스럽게 무기력이 찾아왔다. 만사가 귀찮고 예민해지고 짜증이 났다. 돈도 없는데 병원비로 돈은 돈대로 쓰면서 몸은 회복이 안 되고…. 서러움의 연속이었다. 그래서 운동과 식습관 개선을 시작했다.

구분/연도	양호수치	2013년	2015년	2017년	2019년	2021년
혈압	120/80	95/56	103/65	106/65	103/70	103/67
빈혈	여:12-15.5	11.3	12.3	13.1	13.9	13.2
당뇨	100미만	102	91	93	88	87
총콜레스테롤	200미만	148.6	127.2	140.8	144.3	165
HDL콜레스테롤	60이상	62	49	65	71	69
중성지방	150미만	40	41	38	40	25
LDL콜레스테롤	130미만	78.6	70	68.2	66.7	91

** 〈건강검진자료〉 2013년부터 지금까지의 건강검진 자료이다.

　2013년 야간대학 재학 시에는 빈혈 수치가 정상 이하였고 공복혈당도 정상 수치를 초과했다.

　혈압이 낮은 편이고 기립성 빈혈이 있었으며 소화가 잘 되지 않았다.

　하루 10시간 넘게 앉아 있어 하체 부종이 심했다.

　죽음에 이르는 큰 질병은 찾아오지 않았지만 잔병들이 나를 힘들게 했다.

　나는 2016년부터 운동과 식습관 개선을 결심하여 실행에 옮겼고 곧 모든 수치는 정상이 되었다. 아침에 일어나는 것이 상쾌하다. 잔병들도 이제는 걸리지 않는다. 기관지염은 2016년 이후 한 번도 걸리지 않았다. 구내염은 피곤한 날 생기려는 조짐을 보이다가 푹 자고 일어나 보면 사라지고 없다.

　체력도 상당히 좋아졌다. 한 번에 50m도 뛰지 못했던 내가 이제는 하루에 130km 자전거를 탄다. 몸이 건강하니 마음도 건강해졌고 매사 의욕이 넘친다. 하고 싶은 일들을 체력 걱정 없이 하고 있다.

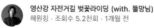

영산강 자전거길 벚꽃라이딩 (with. 똘망님)
해원칭 · 조회수 5.2천회 · 1개월 전

** 〈영산강 자전거길 130km 자전거 기록〉

벚꽃이 핀 4월의 어느 날 다녀온 영산강 자전거길 종주 여정이다.

목포에서 담양까지 130km 자전거를 탔고 영상을 찍어 유튜브 〈해원칭〉 채널에 업로드 했다.

누구나 건강을 잃을 수 있고 누구나 다시 건강해질 수 있다!

건강할 때는 평생 건강할 것 같다. 건강을 잃어본 적이 없기 때문이다. 그래서 몸을 함부로 대한다. 운동을 하지 않고 아무 음식이나 먹으며 아무 때나 잠을 자고 신체의 리듬을 무너뜨린다. 몸은 건강할 때 미리미리 잘 관리해놔야 한다. 나이가 들수록 점점 근육도 빠지고 체력도 감소하게 된다.

보건뉴스의 "인바디, 세계 최초 체성분 빅데이터 리포트 공개" 기사에 따르면, 글로벌 헬스케어 기업 '인바디'는 2017년 1월부터 2021년 12월까지 5년 동안 한국, 미국, 중국, 일본 등 12개 국가의 누적 인바디 체성분 빅데이터를 분석한 〈2023 인바디 리포트〉를 공개했다. 조사 결과, "노화는 근육 감소와 큰 연관이 있다"라며 "근육을 유지하는 데 필요한 남성 호르몬 수치는 35~44세를 기점으로 감소하기 시작한다"라고 설명했다.

빅데이터 분석 결과가 이야기하듯 나이가 들수록 근육이 점점 줄어들고 노화는 근육 감소와 연관이 있어 젊게 살기 위해서는 근력운동을 통해 체력을 키워야 한다.

근육질의 건강한 몸으로 유명한 김종국은 SBS 〈미운우리새끼〉에서 "어릴 때 다리가 골절됐었는데 제대로 된 정보 없이 운동했고 허리가 휘게 되면서 허리디스크가 생기게 되었다. 하루는 버스를 탔는데 디스크로 인한 고통으로 종점까지 간 적도 있다"라고 말했다.

그는 허리디스크의 주변 근육을 강화하는 방법으로 한계를 극복하고 유튜브 채널 〈김종국 GYM JONG KOOK〉을 통해 영향력을 행사하며 건강 전도사의 삶을 살아가고 있다. 누구나 처음부터 멋지고 건강한 것은 아니다. 꾸준한 관리와 노력이 필요하다. 지금 자신의 건강 상태를 점검해보자. 면역이 낮아질 때마다 아픈 곳이 있다면 영양을 채우고 강화하자. 하고 싶은 일을 체력 걱정 없이 잘해내고 싶다면 운동을 통해 체력을 잘 키워나가자.

라이프 위너의 체력을 만드는 5가지 방법

운동을 해본 적도 없고 어떻게 시작해야 할지 모르겠다면 다음의 다섯 가지 방법을 적용하여 꾸준하게 반복해보자. 당장 큰 변화가 없을지 몰라도 꾸준하게 반복하면 어느새 달라진 당신의 모습을 발견하게 될 것이다.

첫 번째, 가볍게 시작하자. 평소 운동을 하지 않았다면 퇴근길에 버스 두 정거장을 일찍 내려 걸어가거나 집 근처 공원을 한 바퀴 걸어보자. 너무 큰 목표는 실패를 부르게 된다. 매일 10~30분으로 시작해 점진적으로 늘려보자.

두 번째, 건강한 음식을 먹고, 지나치게 많이 먹거나 맵게 먹지 않는다. 식사는 여유 있게 꼭꼭 씹어 먹는다. 적당한 공복시간을 유지한다. 가공식품은 되도록 먹지 않는다. 내가 먹는 음식이 나를 만든다고 생각하자. 건강한 식습관 또한 체력을 키우는 데 필수 불가결한 요소이다.

세 번째, 충분한 수면 시간을 갖는다. 수면을 통해 장기가 쉼을 얻기에 야식을 자제해야 한다. 야식을 먹고 자면 장기들이 수면 시간 동안 소화를 시켜야 해서 쉴 수가 없다. 잠은 하루에 7시간 이상 충분히 잔다. 밤에 자고 아침에 일어나자. 자기 전에는 스마트폰 등을 멀리하고 책을 읽자.

네 번째, 스트레스를 잘 관리하자. 현대인들은 스트레스 해소법을 잘 모른다. 스트레스가 심하면 몸이 반응한다. 나는 스트레스를 다스리지 못해 편두통과 위장염에 시달렸다. 외부적으로 스트레스 요인이 찾아왔을 때 자신만의 방법으로 스트레스를 관리하자. 나는 내가 제어할 수 없는 스트레스는 내려놓는 편이고, 스트레스를 받으면 운동을 하거나 글을 쓰고, 잠을 자면서 해소하고 있다.

다섯 번째, 주기적으로 건강검진을 하자. 나의 건강은 의사가 책임져

주는 것이 아니다. 건강 상식도 알아두고 주기적인 건강검진을 통해 몸에 이상이 없는지 확인하자. 콜레스테롤 검사는 꼭 하자. 피에 문제가 생기면 여기저기가 아프게 된다. 여자는 부인과 검진을 적어도 2년에 한 번씩 받자. 건강검진을 통해 일찍이 병을 알아내는 사람이 아주 많다. 귀찮아 하지 말고 자기관리라고 생각하자.

나는 온갖 질병에 시달려 무기력을 경험해봤기에 말할 수 있다. 체력이 없으면 아무것도 할 수 없다. 하고 싶은 일도 체력이 있어야 할 수 있다. 남들은 퇴근 후에 책도 읽고 공부도 하며 자기 계발로 시간을 보내는데, 당신은 무기력하게 누워서 저녁 시간을 허망하게 보내고 싶은가? 라이프 위너는 하루하루의 시간을 결코 우습게 여기지 않는다. 시간의 소중함을 알고 생산적으로 사용하고자 노력한다. 생산적인 시간이 모여 나를 만들고 라이프 위너의 길로 차근차근 인도할 것이다. 체력을 키우기 위한 노력 지금부터 시작해보자.

** (왼쪽 위부터 시계방향으로) 〈자전거 타기, 필라테스, 근력운동, 테니스 기록〉

2016년 5월부터 운동을 시작했다. 자전거를 타면 자연과 마주하면서 일상의 스트레스가 많이 해소된다. 필라테스를 통해 속 근육을 강화하고 몸의 불균형을 맞추고 있다. 테니스는 최근에 시작했는데 땀이 많이 나고 유산소운동이 제대로 된다. 근력운동은 모든 운동의 기본으로 집중적으로 한 부위를 고립시켜 운동할 수 있고, 들 수 있는 무게가 점진적으로 늘어나는 재미가 있다. 헬스장에서는 큰 근육을 강화하고 있다. 다양한 운동을 통해 체력이 강해짐을 느낀다. 일상생활 속에서 균형감 있게 생활할 수 있고 예전처럼 휘청거리지 않는다.

나를 라이프 위너로 만든 문장들

조금만 체력을 키울 기회가 생기면 인생의 평범한 경험들이 얼마나 상쾌해지는지 놀라울 따름이다.

– 프랭크 더프

"

체력을 키우면 할 수 있는 일들이 아주 많다. 하고 싶은 일들을 마음껏 할 수 있고 매사 의욕이 넘친다. 체력을 키워서 인생을 즐겁게 살아보자.

"

왜 늘 작심삼일로 끝나는가?

모든 것에서 성공한 사람과 실패한 사람 사이의 궁극적인 차이는 인내다.
위대한 사람들은 모두 무한한 인내심을 가지고 있다.
아직 힘은 약하지만 인내심이 많은 사람은 힘은 있으나 조급한 사람을 반드시 이긴다.

– 존 러스킨 –

작심삼일의 저주를 깨라

작심삼일은 많은 사람이 겪는 고질적 문제다. 새해 목표를 세우거나 새로운 습관을 세울 때 큰 결의와 함께 시작한다.

새해 첫날 일출을 보며 다짐해본다.

"올해는 꼭 다이어트를 하겠어! 살을 뺄 거야!"

호기롭게 헬스장을 등록해보지만, 작심삼일로 끝나고 만다. 익숙한 일화다. 헬스장 대표님이 돈을 가장 많이 버는 때가 새해 초라고 한다. 사람들이 일출을 보며 결단하기 때문이다. 하지만 시간이 흐르면서 의지가 약해지고 목표를 잊어버리거나 포기하는 경우가 많다.

나 또한 작심삼일러였다. 쓰다 만 플래너가 수두룩하고 인터넷 강의를 신청하고 1~2강만 들었던 적도 많다. 헬스장 3개월 등록하면 할인해준다고 해서 결제했다가 3개월 중 8일만 갔던 적도 있다. 그랬던 내가 운동을 시작한 지 8년째, 주 5~6일 운동을 하고 미라클모닝을 해온 지 1,000일이 넘었으며 매일매일 SNS에 글을 올린다. 나는 작심삼일의 저주를 어떻게 극복했을까?

라이프 위너만의 작심삼일 극복법

라이프 위너는 목표를 이뤄나가는 사람이다. 굳은 의지로 목표를 세웠다면 끝까지 해나가야 하지 않겠는가. 당신의 결심을 헛되이 하지 않고 목표를 달성할 수 있도록 끝까지 해내는 방법, 작심삼일을 극복하는 방법을 알아보자.

첫 번째, 뚜렷한 동기가 있어야 한다

나는 운동 부족으로 일상을 감당할 수 없는 체력과 교대근무, 영양 불균형으로 인한 질병으로 운동과 식습관 개선을 시작했다. 퇴근하고 집에 오면 힘이 없어 누워만 있었고 취미 생활이나 운동을 할 체력도 마음의 여유도 없었다. 인생의 의미가 없는 것 같이 느껴졌고, 하고 싶은 일이 있어도 체력이 약해서 할 수 없었다. 이대로 죽으면 억울할 것 같아 2016년부터 운동과 식습관, 생활 습관 개선을 해왔고 지금도 유지하고 있다. 지금은 누구보다 건강하고 활기찬 삶을 살고 있다. 다시 그때로 돌아가고 싶은 마음은 없다.

작심삼일로 끝나지 않기 위해서는 내가 이 일을 하려고 하는 뚜렷한 동기가 있어야 한다. 친구 A는 매년 목표가 다이어트이다. "나는 살을 뺄 거야!"하고 결단하지만, 늘 목표는 흐지부지되고 다이어트는 실패하고 만다. 다이어트의 뚜렷한 동기가 부족하기 때문이다.

"왜 살을 빼고 싶은가?"
"살을 빼면 나의 삶은 무엇이 달라질까?"
"살을 빼면 나는 행복해질까?"

자신에게 끊임없이 되물어야 한다. "나는 5kg를 감량해서 작아서 못 입는 바지를 입겠어!"라든가, "여름휴가 때 비키니를 입겠어!" 등의 뚜렷한 동기가 있어야 한다. 동기가 사람을 움직이게 한다.

두 번째, 구체적인 계획을 세워야 한다
단순하게 "살을 뺄 거야!"라고 목표를 세우게 되면 실행하지 못하고 끝나버린다. 구체적인 계획을 세워야 한다. 체중감량을 위해 나는 무엇을 할 것인가를 계획을 세워보자.

'운동을 할 것인가?'

'식습관을 바꿀 것인가?'

'운동을 한다면 어느 시간에 어떤 운동을 할 것인가?'

'식습관은 어떻게 잡아나갈 것인가?'

'운동은 일주일에 몇 번 할 것인가?'

구체적으로 계획을 세우지만 조급하게 한꺼번에 많은 것을 동시에 할 필요는 없다. 조금씩 내가 할 수 있는 범위 내에서 계획을 실천하는 것이 좋다.

그래야 작심삼일로 끝나지 않는다. 나는 운동계획을 세울 때 "하루에 러닝머신을 3시간씩 탈 거야!"보다는 10분으로 시작하여 점진적으로 체력을 키우면서 운동시간을 늘려나갔다. 무작정 밥을 반 공기만 먹겠다고 계획을 세우면 쉽게 포기하게 되고 나중에 보상심리가 커져 더 먹게 된다. 끼니마다 밥 한 공기씩을 먹었다면 4/5공기부터 시작해 조금씩 줄이면 된다.

작심삼일로 끝나지 않기 위해서는 구체적인 계획이 있어야 한다. 당신의 목표를 이루기 위해서 큰 목표를 세우고 세부적인 하위 목표와 계획을 설정해 하나씩 달성해보자. 작은 목표를 순차적으로 달성하면 성취감이 축적되고 차곡차곡 쌓인 성취감은 당신을 큰 목표로 데려다 줄 것이다.

세 번째, 목표를 잊지 않기 위해 기억하고 습관화한다

3주 이상 반복하면 그것이 습관이 된다. 서양 속담에 "좋은 습관은 유혹을 물리친 결과다.(Good habits result from resisting temptation.)." 라고 한다. 운동을 새로 시작하면 몸이 적응하느라 평소보다 더 피곤하고 힘들다. 운동 안 하고 싶고 누워서 뒹굴뒹굴 하고 싶다.

이 시기를 못 넘기고 많은 사람이 포기하게 되는데, 포기하면 안 된다. 독기를 품고 '내가 3주는 해보리라' 결단해야 한다. 그래서 동기 부여가 필요하다. 내가 이 목표를 달성하기 위한 뚜렷한 동기를 잊지 말고 계속 기억해야 한다. 하루하루 바쁘게 살아가다 보면 나의 목표를 잊어버리게 된다. 잘 보이는 곳에 나의 목표를 적어 붙여두고 무의식을 자극하면 좋다. '나는 5kg를 뺄 거야!', '나는 올여름 비키니를 입기 위해 운동을 하는 거야! 그래서 지금 이렇게 피곤하지만 운동하고 식습관을 개선하고 있는 거야!' 혼자서는 의지가 부족하다고 느껴진다면 주변에 나의 목표를 많이 알리는 것도 좋다. 친구나 가족에게 다이어트를 한다고 이야기하거나 개인 SNS에 "저 다이어트 합니다. 지켜봐 주세요!"라고 글을 남기는 것이다. 같은 목표를 가진 사람과 챌린지를 만들어 함께 하는 방법도 좋다.

목표 진행 상황을 기록하는 것도 습관을 만드는 데 도움이 된다. 운동하기로 결단했다면 매일의 운동 기록을 적어보자. 잘 보이는 곳에 붙여둔 나의 목표를 적어보는 것도 좋다. 매일 반복하면 이 또한 습관이 된다. 운동 기록은 종이로 된 노트도 좋고 메모장이나 운동 앱을 사용해도 좋다. 기록의 힘을 경험해보자.

** 〈꾸준한 운동 기록〉 운동 기록 앱을 통해 꾸준히 운동을 기록한다.

성취감을 느낄 수 있고 다른 사용자들도 볼 수 있기에 꾸준히 할 수 있는 원동력이 된다.

함께 운동한 사람을 등록할 수도 있고, 소감이나 사진을 추가할 수도 있다.

네 번째, 작심삼일을 반복하라

무엇을 해도 늘 작심삼일로 끝난다면? 낙심하지 말고 또 작심삼일을 해보자. 3일이 모여 6일이 되고 9일이 되고 그렇게 한 달, 1년이 될 수 있다는 사실을 기억하자.

미라클모닝을 시작했을 때, 나는 새벽 시간 루틴 실행을 기대하며 일어났다. 힘들었지만 고요하고 차분한 시간이 좋았다. 그렇게 3일을 했는데 피로가 누적되었는지 4일째 되던 날은 일찍 일어나지 못했다. 못 일어났다는 사실에 대한 자괴감, 스스로에 대한 실망감이 들면서 "그만둘까?"라는 생각이 앞섰다. 하지만 나에게는 새벽 시간에 해야 할 일들과 동기가 있었기에 다시 시작할 수 있었다. 4일 차에 못 일어났다는 나에 대한 실망이 있었지만 지난 3일간 새벽 시간을 알차게 사용한 그 경험이 작용한 것이다. 그렇게 작심삼일로 끝나고 다시 작심삼일을 시작했다. 습관으로 자리 잡기 전에는 피곤한 게 당연하다. 일과를 망칠 수는 없으니 성공도 하고 실패도 하면서 적응해 나갔다.

　노자는 "큰 나무도 가느다란 가지에서 시작되는 것."이라고 말했다. 처음부터 완벽히 해내는 사람이 과연 있을까. 사람은 로봇이 아니다. 차곡차곡 쌓고 차근차근하면 된다. 집을 지을 때도 벽돌을 하나씩 하나씩 쌓듯 작심삼일 벽돌을 하나씩 하나씩 쌓으면 누구나 해낼 수 있다. 당신의 목표를 진심으로 이루기를 원한다면 실패해도 또 시도하고 또 시도하여 내 것으로 만들어보자.

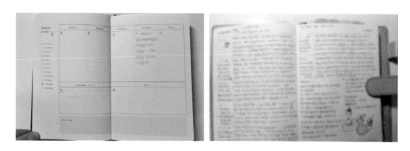

** 〈작심삼일로 썼던 2009년 다이어리(왼쪽), 차곡차곡 열심히 썼던 2012년 다이어리(오른쪽)〉

예전 같았으면 플래너를 방치하거나 버렸을 텐데,

"작심삼일이면 어때" 받아들이고 쓰고 싶은 날만 썼다. 작심삼일 나름의 추억이다.

공백의 미가 느껴지는 다이어리. 실패했다고 생각해 포기하고 내려놓지 않았고

'실패했으면 다시 하면 된다'라는 경험이 삶을 이끌어주는 작은 성취 중 하나가 되었다.

다섯 번째, 지금 당장 시작하라

다이어트를 결심했다면? "다음 달부터 운동 시작할게요."가 아닌 '지금 당장' 시작해야 한다. 우리의 목표는 결단이 섰을 때의 마음가짐과 시간이 지난 후에 느끼는 마음가짐이 다르다. 사랑하는 사람과 연애를 시작하는데, "아, 당신을 사랑합니다만, 다음 달 1일부터 사귀면 좋을 것 같아요."라고 말하지 않는 것처럼 지금 결심했다면 당장 시작해야 한다. 그 결심의 에너지를 그대로 끌고 가야지만 목표를 빠르게 달성할 수 있고 작심삼일로 끝나지 않는다.

실행하는 날짜가 무조건 1월 1일일 필요도, 월요일일 필요도 없다. 오늘이 5월 26일이라면 오늘이 1일이 되면 된다. 오늘이 금요일이라면? 금요일부터 시작하면 된다. 당장 헬스장에 가서 상담받아보고 결제를 해버리자. 행동해야만 하는 환경을 인위적으로 만드는 것 또한 방법이다. 돈이 투입되면 사람은 움직이게 되어 있다. 혼자 운동을 못 하겠다면 고가의 PT를 받아보자. 회당 8만 원씩 하니 안 갈 수가 없다.

라이프 위너에게 미룬다는 건 있을 수 없다. 작심삼일을 반복하여 정복해버리자. 성공 지향적인 삶을 살아가자. 지금 당장! Do it right now!

** 〈목표 달성을 결심한 기록 D-day 앱〉

시작일에 의미를 부여하는 작심삼일러였던 내가

결심한 날 바로 시작한 운동과 미라클모닝의 시작 기록이다.

운동은 2016년 5월 18일 수요일부터(왼쪽), 미라클모닝은 2020년 6월 23일부터 시작했다(오른쪽).

날짜 모두 월요일도 아니고 1일도 아니다. 목표를 세우고 결심했다면 그날 무조건 시작하자.

당신이 결심한 그날이 1일이다.

나를 라이프 위너로 만든 문장들

모든 과제는 반드시 해결책을 갖고 있다.

— 『멘탈의 연금술』, 보도 섀퍼, 토네이도

"

나에게 닥친 어려움에 직면했을 때 해결할 방법이 없어 보이고 막막하기만 하다. 하지만 모든 과제에는 반드시 해결책이 있다. 답이 없다고 생각했던 일들도 해나가다 보면 뜻하지 않은 곳에서 답을 찾기도 한다. 포기하지 말고 답을 찾으면 어느새 답에 가까이 와 있는 자신을 발견하게 될 것이다.

"

체력을 키우기 위한 식습관

저는 하얀 음식은 절대로 먹지 않아요.
그건 독이니까요.

— 미란다 커 —

라이프 위너의 체력, 운동만으로는 키울 수 없다!

체력을 키우기 위해 많은 사람이 운동을 시작한다. 그러나 반드시 병행되어야 하는 것이 있다. 바로 식습관 개선이다. 체력 향상을 위해서는 식습관을 무시할 수 없다. '내가 먹는 음식이 나를 만든다.' 이 말은 단순한 캐치프레이즈가 아니다. 진실이다.

아무리 운동을 열심히 한다고 한들, 근육과 활력이 될 영양소가 충분히 공급되지 않는다면, 운동은 오히려 몸을 한계까지 밀어붙일 뿐이다. 건강한 몸, 좋은 체력을 갖기 위해서는 몸을 구성하는 영양소를 제대로 섭취해야 한다.

『환자혁명』의 저자 조한경 원장이 추구하는 진료는 환자들의 질병을 관리해주는 차원이 아니라 진정한 건강을 되찾도록 도와주는 것이다. 건강을 되찾는 방법은 '환자 교육'과 '영양'이 전부라고 말한다. 환자가 자신의 병에 대해서 의사에게 맡기기만 할 것이 아니라 스스로 관심을 가져야 한다고 말하며 환자들에게 강력한 동기와 의지를 부여하고 있다. 그는 말한다.

"우리의 생명을 유지하는 것도 음식이고 병을 일으키는 것도 음식이며 병을 고치는 것도 오직 음식을 통해서만 가능하다."

그러나 이 시대에는 껍데기 음식이 많다. 열량만 높고 영양분이 충분하지 않은 음식들이다. 환경이 오염되면서 토양도 같이 오염되어 자연 음식들도 예전만큼 영양소를 머금고 있지 못하다. 가공식품에 들어 있는 식품첨가물과 건강하지 못한 재료들이 주변에 널려 있다.

이러한 세상에서도, 라이프 위너들은 체력을 키우기 위해 건강한 식습관을 유지한다. 90세를 앞둔 나이에도 불구하고 왕성하고 건강하게 활동 중인 이시형 박사는 40년간 책을 100권 넘게 출간했다. 그는 유튜브 〈셀코TV〉에서 인터뷰를 통해 자신의 건강 식습관에 관해 이야기했다. 첫째, 소식. 둘째, 건강한 영양소 섭취. 셋째, 매일 아침 당근 주스 마시기를 꼽았는데, 특히 당근 주스 마시기의 경우 50년 전 자연 의학으로 유명한 스위스 벤냐 병원에 갔다가 매일 아침 환자들에게 당근 주스를 나눠주는 것을 보고 따라 하기 시작했다. 그는 당근이 땅에 있는 양분을 전부 흡수하는 채소라고 이야기한다. 그는 그만의 방법으로 식습관을 가지고 건강을 관리하고 있다. 식습관과 건강에 대한 기준이 있기에 그는 장수하고 또 활발히 활동할 수 있는 것이 아닐까?

식습관 개선으로 건강한 라이프 위너가 되는 3가지 방법

나는 과거에 가공식품 러버였다. 주식이 인스턴트 식품일 정도였다. 빵과 과자를 좋아했고 라면을 일주일에 다섯 번씩 먹었다. 건강이 무너지자 정신이 번쩍 들었다. 체력을 키우기 위해 운동하고 식습관을 개선하기 시작하면서 영양학을 공부했다. 영양학을 통해 여러 가지 질병이 어떤 원리로 발생하는지 알게 되었다.

우리는 건강한 삶을 영위하기 위해서 무엇을 먹어야 할까? 지리산에 올라가 자급자족이라도 해야 하는 걸까? 현실적으로 어려운 이야기이다. 여러분과 다를 바 없는, 어쩌면 더 어려운 생활을 했었던 내가 라이프 위너가 되기 위해 지켜왔던 식습관 세 가지를 소개한다.

첫 번째, 영양 정보를 확인하라

당신은 마트나 편의점에서 물건을 살 때 뒷면을 본 적이 있는가?

제품의 뒷면에는 해당 제품에 들어있는 영양 정보와 원재료명이 적혀 있다. 영양 정보에는 열량을 비롯하여 탄수화물, 당류, 지방, 단백질, 콜레스테롤, 칼슘, 나트륨 등의 함량 정보가, 원재료명에는 이 제품에 들어 있는 재료들이 나열되어 있다.

조선일보의 "위암 제치고 2위 차지했다, 한국인 발병률 급증한 이 암" 기사를 보면 폐암, 유방암, 전립선암 등의 발병률 증가세를 보이고 있다고 한다. 그리고 이 암들은 '기름진 식습관, 운동부족, 비만, 고령화'와 관련이 있다고 한다.

하나부터 열까지 원재료의 정보를 세세하게 알 수는 없지만 (물론 공부하면 정말 좋다.) 적어도 내가 먹는 음식이 어떤 성분으로 구성되어 있는지 아는 것이 중요하다. 특히 원재료명에 식품첨가물이 많이 들어 있는 제품은 피하는 것이 좋다. 어묵을 사더라도 여러 식품 제조 회사의 원재료명과 영양 정보를 비교한 뒤, 비싸도 식품첨가물이 덜 들어 있는 제품을 선택한다면 당신은 조금 더 건강해질 수 있다.

20만 명을 진료하여 밝혀낸 의학적으로 올바른 식사법을 전하는 당뇨병 전문 내과의 마키타 젠지의 『식사가 잘못됐습니다』에서는 영양 정보 중 특히 당의 함량을 주의해야 한다고 말한다. 당이 우리 몸에 들어오면 혈당이 급격하게 올라간다. 혈당을 내리기 위해 많은 인슐린이 분비되면서 재차 허기짐을 느껴 계속 먹을 것을 찾는 악순환이 반복되는데, 이는 비만의 원인이 된다.

두 번째, 장에 좋은 음식을 먹어라 (면역 관리)

장은 우리 몸의 면역의 60% 이상을 담당하는 중요한 장기다. 나는 기숙사 생활을 하며 위장염을 달고 살았는데 스트레스도 원인이었지만 장에 좋지 않은 밀가루로 된 음식을 많이 먹었던 것도 원인 중 하나였다. 장의 길이는 대장과 소장을 합쳐 약 9m라고 하며, 음식의 영양소를 흡수하는 일을 한다. 내가 즐겨 먹은 밀가루의 글루텐이라는 끈적끈적한 성분은 장벽에 붙어서 영양소의 흡수를 방해한다. 글루텐뿐 아니라 가공식품의 식품첨가물, 농약 성분, 과식으로 인해 덜 소화된 음식 찌꺼기들이 소장 점막에 들러붙게 되고, 비정상 점막층을 형성해 정상적인 장 운동을 방해한다. 이렇게 되면 좋은 영양소는 흡수가 안 되기 때문에 면역력이 떨어지게 된다.

장에는 유익균과 중립균, 유해균이 같이 살고 있는데 가공식품을 먹게 되면 유익균이 줄고 유해균이 늘어나게 된다. 중립균은 장 속에 더 많이 자리 잡은 균 쪽의 편이 된다고 하는데, 장에 유해균이 많아지게 되면 자연스럽게 중립균도 유해균의 편이 된다. 그래서 장에 유익균이 많이 살 수 있는 환경을 만들어줘야 한다.

장이 좋아하는 음식을 먹자. 건강한 유산균, 발효음식을 먹고 식이섬유 섭취를 하자. 가공식품을 줄이고 최대한 가공되지 않은 자연식 위주의 식습관으로 바꿔보는 연습을 해보자.

세 번째, 공복시간을 지켜라 (혈당 관리)

우리는 너무 자주 먹는다. 음식을 먹으면 혈당이 올라갔다 내려와야 하는 시간이 필요한데 우리는 그 시간을 주지 않고 그 사이 또 먹는다. 혈당이 내려와 있을 틈을 주지 않는다. 혈당이 오르면 인슐린이 분비되는데 이런 일이 빈번히 생기면 인슐린 저항성이 생긴다. 정제 식품, 가공식품은 포만감 호르몬의 분비를 촉발하지 않아 계속 먹게 된다. 결국 살이 찌고 당뇨를 비롯한 여러 심혈관질환의 위험이 생긴다.

공복시간을 지켜야 한다. 나는 보통 4-4-12의 공복시간을 지키고 간헐적 단식을 하기도 한다. 4-4-12는 아침 식사 후 4시간, 점심 식사 후 4시간, 저녁 식사 후 12시간 공복을 유지하는 것을 말한다. 이것저것 많이 시도해봤지만 가장 나에게 적합한 식사 루틴이다. 혈당이 떨어져 배가 고프면 혈당 상승에 직접 관여하지 않는 견과류를 먹는 것도 방법이다.

회식이나 모임 등으로 과식을 하게 되면 다음 날 간헐적 단식을 한다. 16:8로 진행하는데 16시간은 먹지 않고 8시간 동안 먹는 방법이다. 예를 들어 전날 저녁 8시까지 식사를 했다면? 16시간이 지난 다음 날 정오까지는 음식을 입에 대지 않는 것이다.

** 〈점심 도시락〉 가공식품보다는 자연식품을 먹으려고 노력한다.

매일 건강하게 먹을 수는 없지만 스스로 신경을 쓰는 것이 중요하다.

건강하게 먹으며 운동하면 체력이 강화된다.

나에게 주어진 음식에 감사하는 마음을 갖고 꼭꼭 씹어먹는다.

TIP 건강한 식습관 만들기

1. 아침, 점심, 저녁 식사의 비율을 3:5:2로 먹어보자

아침은 하루를 시작하는 첫 끼니이다. 장기들이 기상과 함께 깨어나는 시간이기에 소화가 잘되는 음식을 선택해 적당한 양을 먹는다. 점심은 하루 중 가장 에너지를 많이 사용하는 때를 위한 식사이므로 충분한 양을 먹는다. 저녁은 체중 관리와 깊은 수면을 위해 가장 적은 양을 먹는다.

2. 꼭꼭 씹어 먹는다. 30번씩 씹어 먹자

꼭꼭 씹어 먹으면 음식물이 잘게 부서지고 씹는 과정에서 타액이 나오는데 타액 속 아밀레이스와 리파아제 등의 효소는 탄수화물과 지방을 1차 분해하여 위장에 부담이 적다. 꼭꼭 씹지 않고 빨리 먹게 되면 소화 불량을 유발할 수 있고, 식사를 빨리 마치게 되는데, 식사 시간이 짧으면 포만감이 느껴지지 않아 과식할 우려가 있다. 음식 본연의 질감을 잃어버릴 때까지 꼭꼭 씹어 먹자.

3. 취침 3~4시간 전에는 식사를 마쳐 수면의 질을 올리자

잠을 자는 동안에는 면역세포가 온몸을 돌아다니며 고장난 세포들을 치료하고 낮 동안 열심히 일했던 오장육부가 회복하는 시간이다. 야식을 먹으면 장기들이 밤에도 소화하느라 일을 해야 하기에 피로가 쉽게 풀리지 않고 질 좋은 수면에 방해된다. 수면 시간은 매일 일정하게 유지하자.

4. 식초를 마시는 습관을 갖자

식초는 과일이나 곡물이 발효되면서 만들어진다. 식초는 소화 개선 및 혈당과 혈압관리에 도움이 된다. 중요한 것은 화학적으로 합성된 식초가 아닌 천연 식초를 골라야 한다는 점이다. 초모는 식초 제조 과정에서 생기는 균주로 자연 식초에서만 얻을 수 있다. 식초는 빈속에 먹으면 속이 쓰릴 수 있으니 식사 후 물에 희석해서 섭취하는 것이 좋다. 속이 쓰리지 않다면 식사 20분 전에 마시는 것도 도움이 된다.

5. 건강한 지방을 섭취하자

우리는 비만의 원인이 과도한 지방 섭취라고 생각하지만, 비만의 원인은 혈당을 높이는 탄수화물이다. 지방산은 우리 몸에 에너지를 구성하고 체온을 유지해준다. 세포를 덮는 세포막은 지질(지방의 일종)로 구성되어 있기에 건강한 지방을 섭취해주는 것이 우리 몸을 건강하게 유지할 수 있다. 건강한 지방은 불포화지방으로 생선과 올리브유, 견과류(호두, 아몬드 등)에 많이 함유되어 있다.

운동을 기록하고 공유하라

목표를 이루기 위해서는 실제로 목표에 따르기에 앞서 그것을 이뤄내는
당신의 모습을 스스로 그려보아야 한다.

— 지그 지글러 —

운동과 다이어트 과정을 기록하면 어떤 일이 일어날까?

유튜브, 인스타그램 〈스미홈트〉를 운영하는 인플루언서 스미는 아이
둘의 엄마이다. 아이를 낳고 살이 쪘는데 식단과 홈트레이닝을 통해 감
량하는 과정을 인스타그램에 꾸준히 업로드(기록)하였다. 그로 인해 많
은 팬이 생기고 지금은 공동구매, 출강 등으로 수익화를 이루고 있고 『스
미홈트』라는 다이어트 책도 출간하였다. 꾸준히 기록했을 뿐인데 그녀
에게 다양한 기회가 찾아왔고 팬들과 즐겁게 소통하고 동기 부여를 주며

돈을 벌고 있다. 그녀처럼 운동을 통해 체중을 감량하고 기록을 통해 팬도 생기고 돈도 벌 수 있다면 1석 3조 이상의 가치가 있지 않을까? 운동을 하는 사람은 많지만 운동을 꾸준히 기록하는 사람은 많지 않다.

운동을 기록하고 공유하면 많은 동기 부여를 받을 뿐만 아니라 운동을 유지할 수 있는 에너지도 얻을 수 있다. 나는 8년째 운동을 하고 있다. 그리고 꾸준히 기록을 이어오고 있다. 처음에는 홈 트레이닝을 시작했다. 금전적 여유도 없었고, 이전에 헬스장 3개월 등록 후 출석을 8일 했던 흑역사가 있었기에 등록을 머뭇거렸다. 처음에는 유튜브에 유명한 외국인 언니의 영상을 보고 따라 했다. 하체 운동, 복근 운동, 옆구리 운동을 무식하게 매일매일 했다. 그때는 운동 시작 전 동기를 강화하기 위해 사진을 한 장 찍었다.

그러다 다이어트를 기록해보면 어떨까 하는 생각이 들었다. 기록 수단을 찾던 중 다이어트 일기를 작성할 수 있는 플랫폼 '다이어트 신(DASHIN)'을 발견했다. 체중감량을 목표로 하는 사람들이 모여 있는 곳으로 서로 동기 부여도 하고 다이어트 팁도 얻을 수 있는 다이어터들의 성지 같은 곳이다. 나는 '다이어트 신(다신)'에서 운동 일기와 식단일기를 매일매일 썼다.

이 플랫폼에서는 챌린지를 할 수 있다. 하체 운동 챌린지 30일, 복부 운동 챌린지 30일 같은 것이었다. 좀 더 의욕적으로 운동할 수 있지 않을까 하는 마음에 챌린지를 신청하고 진행했다. 해보니 너무 재밌었다. 서로 응원해주면서 인증 글을 올리고 변화하는 모습을 보면서 동기 부여가 되었다.

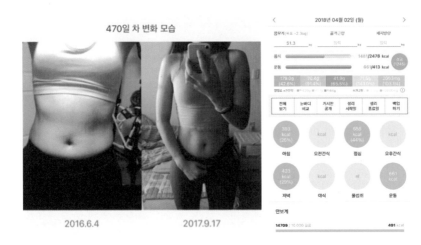

** 〈다이어트 전/후 사진〉 다이어트 플랫폼에 올렸던 사진. 2016년 6월 4일의

'눈바디('눈'과 '인바디'의 합성어로, 다이어트를 할 때 거울을 통해 몸을 확인하는 것)'는

배에 힘을 주고 찍었는데도 배가 볼록하고 근육을 찾아볼 수 없다.

1년 3개월(470일)이 지난 오른쪽 2017년 9월 17일은 희미하지만

11자 복근이 보이며 군살이 정리된 모습이다.

〈운동/식단 기록〉 플랫폼에 꾸준히 운동/식단 내용을 기록했다.

　1년 반가량 챌린지를 하며 열심히 운동과 식단을 했다. 몸이 가벼워졌다. 아침에 일어나는 것이 더 이상 힘들지 않게 되었다. 없애고 싶었던 승마살(순환 부족으로 인해 허벅지 옆에 붙은 살)도 정리되었다. 희미하지만 복근도 보였다. 너무나 신기했다!

　바디프로필 촬영 예약을 했다. 당시 바디프로필은 지금처럼 보편적이지 않았고, 헬스 트레이너나 요가, 필라테스 강사가 찍는 것이었다. 하지만 나는 다이어트를 성공한 나의 가장 젊은 날을 기록해보고 싶었다.

그렇게 인생 첫 바디프로필을 엉성하게 찍고 여느 날과 다름없이 운동하고 있었는데 다이어트 일기를 적었던 플랫폼에서 메일이 왔다. 나를 다이어트 성공사례로 인터뷰 진행을 하고 싶다는 것이었다.

이런 메일을 생전 처음 받아봐서 얼떨떨했다. 나는 전형적인 상체 허약, 하체 비만형이다. 같은 고민을 하는 사람들에게 내가 했던 방법을 알려준다면 도움을 줄 수 있지 않을까 하는 생각에 인터뷰를 수락했다. 누적 조회 수 15만 뷰, 댓글 930여 개. 내 인터뷰는 많은 하체 비만 다이어터들에게 영향력을 행사했다. 내가 플랫폼에 기록하지 않았다면, 챌린지를 혼자 숨어서 했다면 다이어트에 성공할 수 있었을까? 그리고 이런 많은 사람에게 영향력을 줄 기회가 생겼을까?

성공후기

53kg→48kg, 다이어트 넘사벽 '하체비만' 탈출기!

댓글 930 · 조회 157525 · 좋아요 503

다신의 고수

몸무게만 보면 마르거나 정상이지만, 하체만 유독 통통한 분들을 하체비만이라고 하죠. 상대적으로 여자분들에게 많이 나타나며, 하체만 도드라지는 체형 때문에 콤플렉스는 물론 스트레스도 굉장하다고 해요.

Question10. 하체비만 체형 탈출에 도움되는 방법 좀 소개해주세요!

1. 밀가루 음식 자제하기: 하체비만의 적인 밀가루만 끊어도 반은 성공. 정녕 싶을 땐 통밀로 대체해먹기.

2. 물 많이 마시기: 하루에 1.5~2리터 마시기. 몸에 수분이 부족하면 방광에 있는 물을 가져다쓴다고 함. 화장실에 자주 가는 게 귀찮더라도, 물 꼭 마시기

3. 하체 혈액순환 돕기: 손발이 찬 사람들은 하체비만이 많고, 혈액순환이 제대로 안된다고 함. 혈액순환 돕기 위해 자주 움직이고, 마사지로 순환 잘되게 하기.

Question11. 다이어트에 운동 vs 식단, 어느 정도 영향을 미쳤나요?

→운동이 40%, 식단이 60% 정도 영향을 준 것 같아요. 하지만 어느 하나 빠뜨릴 순 없는 것 같아요. 식단을 소홀하게 하면, 운동을 아무리 열심히 해도 결과가 좋지 않더라구요. 때론 조금 소홀해질 수도 있겠지만 스스로가 정한 룰 안에서 식단을 지킨다면 좋은 결과 얻으실 거예요.

** 〈다이어트 플랫폼 인터뷰〉 다이어트 성공사례로 인터뷰한 내용이다. 누적 조회 수 15만 뷰, 댓글 930여 개가 달리며 많은 하체 비만 다이어터에게 동기 부여가 되었다.

** 〈인생 첫 바디프로필〉 2017년 인생 첫 바디프로필을 찍었다.

자세 잡는 방법도 모르고 체중감량 목표를 온전하게 달성한 것도 아니었지만 뿌듯한 경험이었다.

운동을 기록하면 얻어지는 4가지 힘

운동을 기록하면 얻어지는 것은 무엇이 있을까? 단순히 '기록'하는 것인데 힘이 있는 걸까? 내가 경험한 운동을 기록하면 얻어지는 것들 네 가지를 소개한다.

첫 번째, 운동을 기록하는 것만으로도 지속하는 힘이 생긴다. 운동 기록을 작성하면 진척도를 확인하고, 예전 기록을 보며 분석할 수도 있다. 나는 미용 아령 1kg도 무거웠다. 근력이 부족했는데 지금은 덤벨 숄더프레스(덤벨을 들고 하는 어깨운동)를 덤벨 10kg를 들고 할 수 있게 되었다. 무려 10배 가까운 성장인데 기록이 없었다면 어렴풋한 머릿속 기억으로 떠올렸을 것이다. 운동 기록은 자신의 발전을 확인하고 노력에 대한 보상을 제공한다.

두 번째, 운동 기록은 목표를 달성하기 위한 동기 부여를 제공한다. 현실적이고 명확한 목표를 설정하고 이를 달성하기 위한 계획을 세우는 것은 운동 목표 달성을 보다 현실적으로 만든다. 꾸준히 체성분 검사와 눈바디 사진을 기록해두고 나의 몸의 변화를 직관적으로 확인해보자. 언젠가 당신이 운태기(운동 권태기)가 왔을 때 꾸준한 기록을 보면서 극복할 수 있고, 다른 누군가에게 힘을 주고 동기 부여를 줄 것이다.

** 〈눈바디 기록〉 꾸준히 운동하며 사진으로 기록했다.

등 근육의 변화를 비롯해 어깨 모양, 복근의 변화를 확인하며 동기 부여하고

운동을 하기 싫을 때 기록을 보며 마음을 다잡기도 한다.

세 번째, 운동 기록을 통해 다양한 운동 루틴을 적용해볼 수 있다. 운동을 할 때 한 가지 루틴에 국한되는 것이 아니라 다양한 종류의 루틴으로 바꿔가며 운동하면 신체를 발전시키는 데 더욱 도움이 된다. 헬스로 예를 들자면 몇 분할로 했는지, 어떤 운동 루틴으로 했는지, 시간과 세트

수, 어떤 부위를 목표 삼았는지, 얼마나 오래 했는지, 여러 운동 방법(피라미드, 컴파운드, 슈퍼세트 등) 등을 기록하여 근 성장을 비교해보고 운동 루틴을 바꿔볼 수 있다.

네 번째, 운동 기록은 당신에게 뜻밖의 수입을 안겨줄 수 있다. 나는 인스타그램 운동 계정에 매일매일의 운동을 기록해나갔는데 업체로부터 운동용품과 단백질 보충제 등 운동 시에 필요한 식품을 협찬받기도 한다. 꾸준히 기록하고 나를 알리면 생각지 못한 곳에서 좋은 기회를 얻을 수 있다.

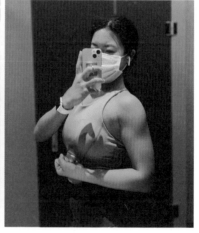

** 〈인스타그램 운동 기록〉 운동 기록을 통해 성장이 더딘 곳을 확인할 수 있고, 운동 루틴을 바꿔 새로운 자극을 줄 수 있다.

** 〈운동용품 협찬 : 가운데 무릎보호대, 오른쪽 보충제〉

꾸준히 운동을 기록하면 업체로부터 운동용품이나 식품을 받을 수도 있다.

운동과 식습관을 기록하고 공유해보자. 다이어트 플랫폼도 좋고 인스타그램도 좋고 블로그도 좋다. 얼굴이 안 나와도 좋다. 영상 촬영에 거부감이 없다면 유튜브에 영상을 업로드해보자.

운동을 기록하는 것은 무너진 체력을 다지고 성장한 내용을 기록하며 나를 하루하루 끌어 올려주는 힘이 있다. 운동을 기록함으로써 어제보다 나은 내일을 만들어가며 지속하는 힘을 얻는 라이프 위너가 되어보자.

나를 라이프 위너로 만든 문장들

올바른 습관 계발에 어떤 성과가 따르는지는 말하지 않아도 알 것이다. 그것은 당신이 원하는 성공을 가져다준다.

— 『원씽』, 게리 켈러, 제이 파파산, 비즈니스북스

"

좋은 습관은 성공을 가져다준다. 그 안에서 좋은 일들이 많이 생기는 것 같다. 꾸준히 내 것으로 만들어 나가는 것이 중요하다고 생각해 본다. 원하는 성공을 이루기 위해 계속 정진해봐야겠다.

"

라이프 위너가 말한다! Life winner says…

"한번 사는 인생, 멋지게 살자!"

우리 모두에게는 꿈이 있다. 현실의 벽에 부딪히고 좌절해서 꿈을 포기했거나 너무 바쁜 삶을 살면서 꿈을 잃어버렸을 수도 있다. 한 번뿐인 당신의 인생을 그저 그런 삶으로 살아가고 싶지는 않을 것이다. 몸과 마음을 챙기고 기록하며 멋진 라이프 위너의 삶이 되어 하고 싶은 일들 맘껏 하고 돈 걱정하지 않는 삶을 살았으면 좋겠다. 내 인생의 주인공이 되었으면 한다.

LIFE
WINNER

PART 3

마음 근육을 반드시
키워라

마음이 고프면 어떻게 할까?

상황이 좋지 않을 때조차도
내가 스스로 힘을 낼 수 있을 때 행복해진다.

－『그때, 나에게 미처 하지 못한 말』 정여울 －

마음이 고플 때 드러나는 일기의 힘,
성장과 자기암시를 담은 소중한 기록

마음은 우리의 정신적인 건강과 강인한 내면을 구축하는 데 매우 중요한 역할을 한다. 마음의 근육은 늘 유지되는 것이 아니다. 여러 문제와 상황 속에서 근 손실이 나기도 하고 깨달음이나 훈련을 통해 성장하기도 한다.

라이프 위너가 되기 위해서는 수많은 역경 속에서도 나를 지킬 마음의 근육을 키워야 한다. 그러나 삶은 때때로 우리를 무기력하게 만들고 마음을 고프게 한다. 이럴 때는 어떻게 해야 할까?

어린 시절에 당한 따돌림과 사회초년생 때의 직장 내 괴롭힘으로 나의 자존감은 바닥이었다. 어릴 때는 투명 인간 같은 아이였다. 학원 차에서 내려달라고 해야 하는데 그 말을 못해서 창 밖으로 지나가는 우리 집을 바라보고만 있었다. 버스에 혼자 서 있으면 땀을 뻘뻘 흘렸다. 수업 시간 도중에 화장실 가고 싶다는 말도 꺼내지 못해 친구들에게 놀림을 받았다.

직장 선배의 괴롭힘 속에서도 부당함에 관해 이야기도 못 꺼내고 당하고만 있었다. 늘 누군가와 나를 비교하고 한없이 우울해 하고 상대적 박탈감을 느꼈다. 기댈 곳이 없고 늘 마음이 텅 빈 느낌이었다.

낮은 자존감과 공허한 마음을 채우고자 일기를 쓰기 시작했다. 나는 16년째 일기를 쓰고 있다. 학교에서 내주는 숙제 일기 말고, 정말 마음에서 우러나오는 내 이야기를 썼다.

하루하루 버티는 삶이 너무나 힘이 들었다. 누군가에게 이야기하고 싶지만 딱히 이야기할 사람도 없었고, 어떻게 이야기해야 할지도 몰랐다. 내가 남에게 이야기하는 것이 피해를 준다고 생각되어 일기를 썼다. 일기가 유일한 하소연의 장소였고 상담 선생님이었다.

** 〈16년 동안 쓴 일기장〉 스무 살 때부터 지금까지 일기를 쓰고 있다.

세월의 흔적이 묻어나는 각기 다른 크기와 디자인의 일기장이다.

위클리 형식으로 시작하여 현재는 데일리 형식을 사용하고 있다.

일기는 '나만은 영원히 내 편'임을 알려준다

가수 아이유는 중학교 때부터 연습생 생활을 거쳐 연예계 생활을 시작했다. 늘 평가받는 위치에 있던 그녀는 자존감이 낮았고 불면증에 시달리는 힘든 시절을 보냈다.

뮤지션이 출연해 진솔한 이야기를 나누며 음악을 들려주는 프로그램 MBC M 〈피크닉 라이브 소풍〉에서 그녀는 불안한 마음과 내가 진짜로 지금 살고 있는가에 대한 흔적을 남기기 위해 중학생 연습생 때부터 일기를 쓰기 시작했고 〈무릎〉, 〈팔레트〉, 〈안경〉, 〈싫은 날〉이라는 노래를 작업할 때도 일기를 쓰다가 영감을 받았다고 한다. 지금도 일기를 쓰느냐는 김이나의 물음에 아이유는 대답한다.

"지금은 매일 안 써요. … 중학교 때부터 연습생 때가 제일 불안하잖아요. 그때부터 가지고 온 습관인데 작년부터 되게 뜨문뜨문 쓰게 됐어요. 그게 저는 좀 긍정적인 신호라고 생각했거든요." - MBC M 〈피크닉 라이브 소풍〉 중에서

나이에 비해 성숙함이 느껴지는 아이유가 가진 내공의 비밀은 일기장이었다. 일기를 통해 불안한 마음을 담담히 써 내려갔고, 자기암시와 소망을 적어나갔다.

현재 그녀는 일기를 꼭 쓰지 않아도 '편안한 상태'가 되었다고 말하며, 남겨야 할 사건이 있을 때나 힘든 날에 일기를 쓴다고 한다. 그녀의 노래에서도 성숙함이 느껴지는데, 노래 〈스물셋〉에서는 자신에 대한 확신이 없고 흔들리는 자아를 이야기했다면 〈팔레트〉에서는 스스로가 무엇을 좋아하고 싫어하는지를 분명히 알게 된 개인의 취향이 고스란히 담겨 있음을 알 수 있다.

가슴이 공허하고 왠지 모르게 힘들다면 마음이 텅 비어 있다는 신호다. 그럴 때는 내 마음에 귀를 기울여야 한다. 일기를 써보자. 아무 말이든 써도 좋다. 오늘 있었던 일이든, 고민이든, 욕하고 싶은 사람을 써봐도 좋다. 그저 쓰는 것만으로 당신에게 위로가 될 것이다.

어느 날은 아무것도 생각이 나지 않고 펜을 들 힘조차 없을 수도 있다. 그런 날은 아무것도 쓰지 않아도 된다.

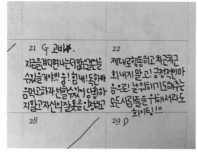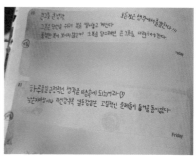

** 〈일기장 내용〉 고민이 있을 때마다 일기를 썼다. 일기를 읽어보면 그 당시의 상황이 생각이 난다.

  "지금을 견디면 나는 더 많은 걸 얻을 수 있을 거야. 응! 힘내! 독한 마음을 먹고 하자.

  넌 할 수 있어. 당황하지 말고 잘못은 인정하고 제대로 행동하고 차근차근 화내지 말고!

  긍정적인 마음으로! 날 위해 기도해주는 모든 사람들을 위해서라도 화이팅!!!"

일기를 쓰며 나는 힘든 현실을 좋은 의미로 생각하려고 부단히 노력했다. 사회초년생 때 잦은 실수로 인해 나 자신에게 실망하고 화가 나는 일이 많았다. 의지할 사람도 드물었지만, 이따금 의지했던 사람에게 배신도 많이 당했다. 나는 일기를 쓰면서 자책을 멈추고 긍정적인 생각을 되뇌었다. 유일한 내 편, 가장 먼저 나를 응원해주는 사람. 그것은 나였다. 이 시기에는 정말 나와 마주하는 시간을 많이 보냈던 것 같다. 피하면 안 된다. 도망치지 말고 내가 무슨 생각을 하는지, 어떤 감정을 가졌는지 알아야 한다.

'셀프토닥' 마음을 다잡는 독서의 힘, 독서노트는 전투식량이다!

하루하루 버티는 삶 속에서 '이게 정말 맞나? 이게 내가 원한 인생인가?'라는 질문을 던졌다. 삶의 이유를 찾고 싶었다. 좀 더 나은 삶을 위해 내가 지금 할 수 있는 것은 무엇일지 생각해보았다.

남의 이야기를 듣고 싶었다. 같은 상황에 부닥쳐도 사람마다 생각하는 것이 다르다. 하지만 내 주변에는 사람이 별로 없다. 나는 성공한 사람, 유명한 사람의 생각을 듣고 싶었다. 유명한 사람을 내가 직접 만날 수는 없으니 그가 쓴 책을 읽어보자 싶어 책을 읽기 시작했다.

사회생활을 하기 전에는 책을 전혀 읽지 않았고, 어렸을 때 독후감 숙제도 책을 겨우 읽고 제출하는 아이였다. 그래서 처음에는 비교적 읽기 쉬운 에세이를 읽었다. 다른 사람들의 생각이 궁금했기에 에세이를 읽으며 작가의 생각과 취향을 나와도 연결지어보고, 이런 생각을 할 수도 있겠구나. 하며 견문을 넓혀나갔다. 그 이후에는 심리와 관련된 책을 읽으며 독서 노트를 작성했다. 나보다 힘든 사람도 정말 많았고 그들도 다 역경을 딛고 지금의 자리에 왔음을 책을 통해 알게 되었다. 많은 위로를 받았다.

나에게 독서 노트는 전투식량 모음집이다. 일상을 살아가다 여러 사건을 겪으며 다시금 마음이 고파지는 경우가 생길 때 꺼내 읽고 에너지를 채워나갔다. 회사에 중요한 일이 있는 아침. 불안한 마음을 잠재우기 위해 읽고 되뇌었던 문구를 소리 내 읽으면서 마음을 다잡았다.

인터뷰 프로그램 tvN 〈유 퀴즈 온 더 블럭〉에 〈이상한 변호사 우영우〉, 〈스토브리그〉, 〈청춘시대〉로 알려진 배우 박은빈이 출연했다. 그녀는 스스로 마음을 다질 때마다 하는 말이 있다고 한다.

"그렇지만 어쩌겠습니까. 해내야죠. 해내야죠. 지금 내가 할 수 있는 거 항상 해내야 하는 순간들이 분명히 있는 거니까 자신의 노고를 알아주는 것도 되게 중요한 것 같아요."

배우 박은빈처럼 하루에도 들쑥날쑥 오락가락하는 내 마음을 계속 돌봐줘야 한다. 그녀는 그렇게 자신을 돌봐주고 토닥여줬기에 27년 동안 공백 없이 꾸준하게 작품활동을 해올 수 있었던 것이 아닐까 싶다. 마음에 전투식량을 먹여주며 내가 나를 위로하고 인정해준다. 타인이 아닌 나 스스로가 나를 인정해주고 나의 가치를 알아주는 것. 나는 앞으로도 잘 할 수 있고 지금도 잘하고 있다고 스스로 토닥여줘야 한다. 나는 이것을 '셀프토닥'이라고 부른다. 힘든 일이 있다면 왜 힘든지, 어떻게 헤쳐나가면 좋을지 고민하며 해결해 나갔다.

```
＊Book
지금 나는 고민하지 않는 방법을 고민중이다        바람이 분다. 당신이 좋다 - 이병률
청년 인생공부 15人의 멘토                   끌림 - 이병률
꿈이 그대를 춤추게 하라 - 고도원             내가 알고있는 것을 당신도 알게 된다면
소통형 인간 - 김창욱                       콰이어트 - 수전 케인 (내향성 연구)
스티브 잡스                               생각대로 살지 않으면 사는대로 생각하게
기년의 밤 (김유정)                         된다 - 은자성
아주보통의 연애 - 백영옥
```

** 〈읽고 싶은 책 목록〉 서점에 가서 읽고 싶은 책의 목록을 써왔다.

한 번에 다 살 수 없으니 한 권씩 사서 읽었다.

** 〈읽은 책 사진〉 종이책, 전자책 가리지 않고 읽는다.

책은 나를 단단하게 만들어줬고 위로해주었으며, 다양한 생각을 할 수 있게 했다.

사색을 통해 내면의 평화를 이루는 방법

일기를 쓰고 책을 읽으면서 사색하는 시간이 너무 좋아졌다. 사색을 통해 나를 돌아보는 것만으로도 많은 위로를 받는다. 아무도 나를 위로해 주지 않아서 습득한 방법이다.

2007년에 개봉한 일본 영화 〈안경〉에서는 어느 조용한 마을의 풍경을 보여주는데, 전화도 잘 터지지 않는 그 마을에서 사람들은 사색을 즐기고 체조하고 자신을 돌보는 시간을 가지며 살아간다. 일상에 지쳐 쉼을 얻고 싶어 이곳으로 여행을 온 타에코는 이 마을 사람들이 하루를 의미 없이 보내는 모습이 이해되지 않아 민박집을 옮기기도 했지만 이내 다시 돌아와 그들과 지내며 자신과 마주하게 된다. 타에코는 민박집 주인 유지에게 물어본다.

"이곳으로 여행을 오는 사람들은 무엇을 하죠?"
"사색이요."

사색을 해본 적 없는 사람들은 사색 시간이 의미 없다고 느껴지거나 거부감이 들지도 모르겠다. 하지만 바쁜 현대사회를 살아가는 우리는 가끔은 멈춰서 지나온 길을 돌아봐야 할 필요가 있다. 그래야 내가 지금까지 계획했던 길로 잘 왔는지 길을 잘못 들지는 않았는지 엔진오일이 떨어져 가는 건 아닌지 점검해볼 수 있다.

자전거를 타고 국토 종주를 가면 낯선 길을 달리게 된다. 한 번도 와보지 않은 길이어도 파란색으로 자전거길 표시가 되어 있어 비교적 어려움 없이 이동할 수 있다. 그런데 갑자기 파란색 선이 사라지기도 한다. 그럴 때는 무작정 '이 길이 맞겠지!' 지레짐작하고 가면 안 된다. 잠시 멈춰서 내가 있는 위치를 확인하고 길을 잘못 들었다면 올바른 길로 가야 한다.

사색하는 방법으로 아무에게도 방해받지 않는 곳에서 차분하게 생각에 잠겨보는 것을 추천한다. 나의 사색의 시간은 '패스트 힐링' 시간으로 일주일에 한 번 정도는 회사 근처 카페에서 조용하게 혼자만의 시간을 보낸다. 글을 쓰기도 하고 생각을 정리하기도 하고 한 주를 돌아보며 자신을 위로해 주고 어떤 삶을 꾸려 나가야 할지 생각해본다. 자전거를 타는 시간이 나에게는 최고의 사색 시간이다. 주로 혼자 자전거를 타기에 생각할 시간이 많고 자연과 함께 몸을 움직이는 활동이어서 다양한 아이디어가 떠오른다. 자전거를 타는 것만으로도 많은 위로를 받고 힘들고 포기하고 싶은 생각도 다 잘될 것 같다는 생각으로 바뀐다.

저마다 사색의 방법이 다르다. 사색해본 적이 없는 초보 사색가라면 여기저기 기웃기웃하면서 나만의 최적의 사색 공간을 물색해보자. 우리에게 꼭 필요한 시간이다. 생각지도 못한 나의 감정을 마주하게 될 수도 있고, 머릿속 감정을 다 쏟고 평안한 마음을 찾을 수 있다. 토머스 어 켐피스는 "스스로 마음의 평온을 유지해야 다른 사람도 평온하게 할 수 있다."라고 이야기했다. 사색을 통해 공허한 마음을 채우고 마음의 평온함을 유지해보는 건 어떨까.

** 〈자전거 국토 종주에서의 사색 시간〉 제주 환상 종주 길에서의 사색 시간.

　자전거를 타는 시간은 오롯이 나와 마주할 수 있는 시간이다.

　바람을 가르며 달리다 보면 깊은 생각을 할 수 있고, 새로운 아이디어도 떠오른다.

조급해 할 필요가 전혀 없는게다!
지금의 인생을 즐기는 것이 가장 좋다 ♡

✓ 삶이란..
어떻게 살아야할지에 대한 고뇌.
즐거운 삶이란. 행복한 삶이란?
즐거운 일들.
순간을 느끼고 즐거워하며
소중히하고 감사하는것!
하고싶은 일을 즐겁게 하는것.
인연은 소중히
위든지 나답게! 남에게 보이기 위해 아등바등
하지는 말자!

** 〈기록을 통한 사색〉

기록을 통해 생각을 적고 지나온 길을 되돌아보고

삶을 점검하는 시간도 가지며 마음의 안정을 찾을 수 있다.

TIP 사색하는 방법

1. 사색은 주기적으로 한다

하루 10분, 주 1회 1시간, 한 달에 한 번 반나절 이상

2. 노트와 펜을 준비하고 스마트폰은 될 수 있으면 꺼둔다.

3. 차분한 마음가짐을 가진다.

방법1. 나만의 아지트 만들기 : 카페, 집, 공원, 근교 등

방법2. 좋아하는 활동하기 : 음식, 커피, 그림그리기, 악기연주, 음악감

상, 바다, 등산 등

방법3. 질문하기 : 지나온 삶, 놓치는 것들, 앞으로의 삶, 삶의 의미 등

나를 라이프 위너로 만든 문장들

심플한 공간을 하나 만들어, 마음을 안정시키고 싶거나 마음먹은 일을 하고

자 할 때 그곳에서 조용히 생각할 시간을 갖는다.

– 『일상을 심플하게』, 마스노 슌모, 나무생각

> 66
>
> 자신만의 사색 공간은 현대사회를 사는 우리에게 꼭 필요한 공간이
>
> 다. 넓지 않아도 좋다. 내 마음이 쉴 수 있는 공간, 차분하게 안정감을
>
> 느낄 수 있는 공간을 만들어보면 좋겠다.
>
> 99

멘탈도 훈련하면 단단해진다

버티는 데 성공하는 것, 이것이 성공의 정의이고,
진정한 승리다.

— 『멘탈의 연금술』 보도 섀퍼 —

몸의 기본은 체력, 정신의 기본은 멘탈!
무너진 멘탈을 위로하고 성장하라

멘탈은 우리 삶에서 매우 중요한 역할을 한다. 멘탈은 마음, 정신이다. 흔들리지 않는 평정심을 의미하기도 한다. 멘탈이 무너지면 의욕이 줄어들고 무기력해지고 하고자 하는 일을 제대로 해낼 수 없다. 때문에 라이프 위너에게는 체력을 유지하는 것만큼이나 멘탈이 무너지지 않게 유지하는 것은 중요한 일이다.

멘탈도 강해질 수 있을까? 물론이다. 멘탈도 훈련하면 단단해질 수 있다. 멘탈 훈련은 어려운 상황에서 강인하게 대처하고 도전에 맞서는 데 필요한 과정이다. 당면한 어려움과 압박 속에서도 흔들리지 않고 무너지지 않는 능력을 갖추게 된다.

자존감 바닥에 '유리 멘탈'이었던 내가 이제는 '강철 멘탈'이라는 이야기를 듣는다. 여간한 풍파에는 끄떡하지 않는다. 어떤 분야에서든지 강력한 멘탈을 가진 사람은 성공과 만족을 쉽게 얻을 수 있다. 우리는 멘탈 훈련을 통해 자신을 발전시키고 어려움을 극복하며 삶을 더욱 풍요롭게 만들 수 있다. 나는 멘탈이 무너질 때마다 노트에 메모했다. 생각을 적고 자기암시를 하며 끊임없이 무너진 멘탈을 채워내는 훈련을 했다. 아래는 내가 힘들었을 때 노트에 적었던 메모들이다.

"지금도 난 아주 행복해. 쓸데없는 생각하지 말고 지금 이대로 앞을 향해서 전진하면 되는 거야. 네가 걔네보다 모자란 거 없고 못난 거도 없어. 시작은 미비해도 끝은 창대하리라! 난 할 수 있어. 큰 인물이 되리라! 열등감 느낄 거 없고 지금 나의 위치에서 열심히 다하면 되는 거다."

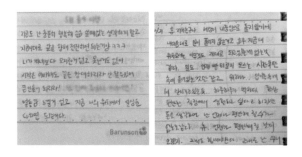

** 〈무너져가는 멘탈을 잡기 위해 적었던 메모〉 내 생각을 뱉어내고 스스로 위로를 했다.

"휴, 지치는구나. 세상이 내 중심으로 돌지 않기에 내 마음대로 일이 풀리지 않는 거고. 휴 지금 내 위치로서는 아무것도 제대로 되는 게 없는 것 같다. 일도 언제 빵 터질지 모르는 시한폭탄 속에 들어 있는 것만 같고. 뭐 하나 압박 속에서 살아가고 있는 듯. 하루하루가 벅차다. … 휴 언젠가 편안해질 날이 오겠지. 그래도 힘내야 한다."

생각해보면 나는 스스로 구렁텅이에 나를 밀어 넣었던 것 같다. 조금 시간이 걸렸지만 부정적인 실타래에서 벗어나는 데 성공했다. 다음 5가지는 나의 멘탈을 떨어뜨리는 여러 가지 사건들을 경험하며 깨달은 훈련법 5가지이다.

라이프 위너가 무너지면서 깨달은 멘탈 훈련법 5가지

첫 번째, 저마다 인생이 다르다.

인생은 공평하지 않다. 돈 걱정 없이 학교도 다니고 자취도 하는 친구들이 처음에는 부럽고 샘이 났다. 가장 비참했던 순간 중 하나는 스물두 살 콜센터에서 퇴근하고 꾀죄죄한 모습으로 버스에 탔는데, 나보다 공부를 못했던 고등학교 동창이 순탄하게 대학에 들어가 꽃단장하고 시내에 놀러 가는 모습을 마주했을 때였다. 왜 내가 공부를 더 잘했는데 난 제때 대학도 못 가고 여기서 진상 고객들과 싸우고 꾀죄죄한 모습으로 퇴근하고 있는 걸까. 정말 서럽고 비참했다. 끊임없이 남과 비교하고 내가 가지지 못한 것에 집중하고 상대적 박탈감을 느끼며 나 자신을 루저 인생이라 받아들였다. 하지만 그 시절을 겪었기 때문에 지금의 단단한 내가 있는 것을 안다. 처한 환경을 탓한다고 해서 달라질 것은 전혀 없었다.

영국의 영화배우이자 감독, 코미디언으로 알려진 찰리 채플린은 "인생은 멀리서 보면 희극 가까이서 보면 비극."이라고 말했다. 겉보기에 화려하고 돈이 많고 아무 흠이 없어 보이는 사람도 가까이서 보면 단점이나 상처를 가지고 있다.

남과 나를 비교하며 자신을 비하하고 멘탈이 무너질 이유가 없다. 이제는 사람마다 인생의 여정이 다르고 몫이 다름을 안다. 나는 나, 너는 너. 배울 점은 배우면서 각자의 상황에 맞는 인생을 살아가면 된다. 남을 부러워하는 마음을 잠시 갖되, '나는 저 사람처럼 되려면 어떻게 해야 할까?' 하고 긍정적인 질문을 던져보는 습관을 지녀야 한다.

두 번째, 다른 사람에게 영향을 받지 않는다.

유년 시절에는 다른 사람들의 영향을 많이 받았다. 자신의 소신이 없었고 결정도 잘 못하고 의견을 내지도 않았으며 따라가기만 하는 조용한 아이였다. 따돌림을 많이 당해 어느 순간부터 생각을 말하는 걸 무서워했다. 그 이후에 내가 깨달은 건 다른 사람이 나에 대해 왈가왈부할지언정 그게 사실이 아니라면 그냥 무시해버리면 된다는 것이다. 유튜브 채널을 운영하다 보면 참 다양한 사람이 찾아오는데 최근에 어떤 사람이 나에게 '(얼굴이)오징어 같다.'라는 댓글을 달았다. 물론 화가 나고 멘탈이 흔들릴 법하다. '네가 나에 대해 얼마나 잘 알길래 나를 그렇게 판단해?' 다시 생각하면, '너는 나를 알지도 못하니 나를 판단할 자격도 없을 뿐더러, 네가 나에게 그런 댓글을 단다고 해서 내가 동요할 일도 아닌 것'

이다. 나를 잘 아는 사람이 말했다면 상처가 될 수 있지만 모르는 사람이 쓴 댓글이기 때문에 전혀 문제가 되지 않고, 무대응으로 넘어가면 된다. 악성 댓글을 올리는 사람들이 가장 원하는 것은 채널의 주인이 그 악성 댓글로 인해 화를 내는 것임을 알기에. 나는 그 댓글에 아무런 반응을 하지 않았다. 이제는 크게 다른 사람에게 영향을 받지 않고, 나만의 주관을 가지고 살아간다.

세 번째, 안되는 것에 에너지를 쓰지 않는다

자전거를 타다 보면 날씨 변화에 민감해진다. 다른 지역으로 자전거를 타러 가려고 일정을 다 짰났는데 비가 온다고 하면 우울함이 밀려온다.

2021년 9월, 제주 자전거 종주를 갔다. 하필 내가 갔던 그날, 제주에 태풍이 들이닥쳤다. 2박 3일 일정이었는데 1박만 하고 2일 일정을 포기했다. 안전을 위해 내린 결단이었다. 예전의 나 같았으면 무척 원망했을 거다. 시간적, 금전적 피해도 있고 2박째 숙소는 환불이 어렵고 비가 오니 1박 숙소인 서귀포에서 제주 공항까지 자전거를 이동시킬 콜밴 비용도 무시 못 했다. 항공권도 다시 예매해야 하고. 신경 쓸 게 오만가지였는데 나의 힘으로 제어가 되지 않는 것은 어떻게 할 수 없는 부분이니 그냥 받아들이기로 했다. 어쩔 수 없는 건 어쩔 수 없고 안전이 최우선이니 과감히 결단하고 다음에 또 오면 되지 않겠는가! 이런 마음으로 복귀를 결정했다. 기상악화로 중도 포기한 제주 환상 종주 자전거 여행 영상은 유튜브 〈해원칭〉 영상 인기 영상 5위에 링크되어 있다. 내 능력 밖의 일을 바꾸는 데 에너지를 쏟지 말자. 바꿀 수 없는 일은 받아들이고 다른 중요한 일에 소중한 에너지를 사용하자.

** 〈중도 포기한 제주 환상 자전거 종주 유튜브 영상〉

2박 3일의 일정이었지만

둘째 날 아침 태풍으로 인해 일정을 전면 취소하고 내륙으로 복귀했다.

멘탈이 강해진 후에는 내 힘으로 되지 않는 것에 스트레스를 받지 않고

불필요한 에너지를 쏟지 않게 되었다.

네 번째, 포기를 모른다. 계속해본다.

예전에는 한 번 실패하면 바로 무너졌고 다시 일어서는 데 많은 시간이 걸렸다. 이제는 어떤 일에 시간이 걸린다는 것을 안다. 바로 되는 것은 없다는 것, 무조건 시간과 노력이 필요하다는 것을 알게 되었고, 사람마다 성과를 달성하는 시간이 다름을 알게 되었다. 남들과 비슷한 시간 똑같이 노력했는데 다른 사람은 되고 나는 안 됐다고 해서 멘탈이 흔들릴 필요가 없다. 나만의 페이스대로 가면 언젠가는 이룰 수 있다고 생각하면 된다. 운동도 그렇고 돈 버는 일도 그렇다. 사람이 다 어떻게 똑같을 수 있겠는가? 저마다 가진 장점도 다르고 성격도 다르다. 남과 내가 같을 수 없다.

어떤 목표를 가지고 있다면 제대로 된 방법으로 열심히 해보자. 지금은 내가 남보다 느릴 수 있지만, 나중에는 내가 남보다 빨라질 수도 있다. 나는 늘 느린 아이였다. 수학 공식을 익히는 것도 느렸고, 업무를 숙지하는 것도 동기에 비해 매우 느렸다. 지금은 일머리도 생기고 융통성도 있어서 남들보다 빠르게 파악하게 되었다. 지금의 나는 사회초년생 시절의 느릿느릿했던 경험들이 모여 만들어진 것이다. 포기하지만 않으면 당장 눈에 띄는 결과는 보이지 않아도 서서히 차츰차츰 내가 그 결과를 향해 나아가고 있음을 알게 될 것이다.

나는 20대에 빚이 6천만 원 가까이 있었다. 15년 가까이 된 엄마의 차를 바꿔주느라 할부금을 갚고 있었고, 직장 이직을 반복하며 조금씩 빚을 지게 되었다. 지금은 빚을 청산하고 직장생활, 강사, 크리에이터 활동으로 다방면에 수익을 창출하며 라이프 위너로 나아가고 있다. 조금 해보고 안 된다고 지레 포기하지 말자. 모두 시작점이 다르고 성장의 속도가 다른 법이다. 당신의 멘탈은 스스로가 지켜야 한다. 99번 실패하고 100번째에 성공한 아인슈타인과 65세의 나이에 1,000번 넘게 거절당한 후 KFC를 창립한 KFC 할아버지 할랜드 샌더스를 기억하자. 1,000번 도전 안 해봤으면 명함을 내밀지 말자. 끝까지 해보라. 끝까지 하면? 무조건 된다.

다섯 번째, 과거는 과거일 뿐

나는 과거에 매인 삶을 살았다. 안 되는 이유를 열심히 찾았다. '고졸이라 불가능하다.' '돈이 없어서 안 된다.' '나보다 잘하는 사람이 많아서 안 된다.' 온갖 핑계를 대고 합리화하며 과거지향적인 삶을 살았다. 그리고 다시 우울의 늪으로 빠지고…. "이래서 나는 안 돼."라고 생각했다.

학창 시절 따돌림과 직장 내 괴롭힘을 오랜 기간 겪어서 비슷한 상황이 오면 "아무도 내 얘기를 들어주지 않을 거야.", "어차피 말해봤자 무시당할 텐데 뭐."라는 생각을 늘 가지고 있었고, 늘 소극적이었다.

서른다섯 번째 미국 대통령을 역임한 존 F. 케네디는 "과거에 사로잡히지 말고, 현재를 기억하고, 미래를 꿈꾸자."라고 말했다.

과거는 과거일 뿐이다. 과거에 있었던 나의 가난과 게으름을 지금 바꿀 수는 없다. 과거에 사로잡힌 대신 지난 과거의 경험을 통해 나를 발전시키고 밑거름으로 사용하면 된다. 지금을 살아야 한다. 지금 내가 할 수 있는 것, 해야 하는 것에 충실하게 집중하며 살아야 한다. 과거에 연연하지 말고 미래를 지나치게 걱정하지 말고 현재에 집중하며 내가 할 수 있는 일들을 찾으며 해 나가는 것이 중요하다.

멘탈을 키우는 일은 쉽지 않다. 주변 환경이 나를 가만두지 않았기 때문에 나는 자주 무너지고 좌절했다. 하지만 멘탈은 훈련하면 키워나갈 수 있다. 삶 속에서 무너지는 일들을 만났을 때 어떻게 받아들이느냐가 가장 중요하다.

'이 일이 나에게 왜 일어났을까?'
'이 일로 인해 나는 무엇을 얻을 수 있고 어떻게 성장해나갈 수 있을까?'

역으로 생각해보고 발전의 계기로 삼으면 좋겠다. 해결할 수 없는 사건이라면 시간의 흐름에 따라 흐르게 두는 것도 지혜. 생각의 전환을 해보자. 인생은 저마다 다름을 인정하고 불필요한 일에 에너지를 사용하지 말자. 자신만의 강한 멘탈을 키워 멋진 라이프 위너의 삶을 살아가자.

나를 라이프 위너로 만든 문장들

지난 시간과 일들에 대해 충분히 숙고했다면 과거가 되어버린 시간들을 반
추하고 자기 성찰을 마쳤다면 과거는 과거의 것으로 덮자.

— 『가만히 혼자 웃고 싶은 오후』, 장석주, 달

"

나는 너무 과거에 매여 살지는 않았는가 생각해본다. 후회를 참 많
이 했다. 이제는 후회보다는 과거의 실수를 반면교사 삼고 앞으로 후
회 없이 살아갈 하루하루를 기대하며 살게 된 것 같다. 내가 할 수 있
는 만큼 유연하게 나아가는 것이 중요하다.

"

주변에 휘둘리지 말고 소신을 가져라

신념은 증거를 넘어서는 마음속 지식이다.
인간은 신념으로 빚어지고 믿는 대로 존재한다.

– 「밥 프록터의 위대한 확언」 밥 프록터 –

남의 한마디에 하루를 망칠 것인가?
타인으로부터 자신을 지켜라

현대사회를 살아가다 보면 다양한 외부의 생각과 판단이 우리에게 끊임없이 쏟아진다. 다른 사람들의 생각, 미디어에서 주는 세뇌, 사회적인 압력과 경쟁 구도 등은 우리를 휘둘리게 만들고 자신의 가치와 소신을 잃게 만든다. 그러나 우리는 이런 영향에서 벗어나 자신의 소신과 삶의 태도를 지키며 살아가야 한다.

나도 참 많이 휘둘렸다. 아침에 만난 회사 선배가 "너 오늘 머리 모양이 좀 이상해."라고 하면 하루 종일 머리를 쳐다봤다. '아무리 봐도 이상한 구석은 없는데…' 그렇게 생각 없이 던졌을 사람들의 한마디 한마디가 나에게는 늘 상처였고 내 하루를 엉망으로 만들었다.

의견이 있어도 제대로 말을 하지 못했다. 내가 말을 하면 소외되거나 말하려는 의도와 다르게 해석되어 상대방에게 전달되는 경험이 많았기에 말을 하기가 싫었다. 이것을 극복하는 데 나는 정말 많은 시간이 걸렸다.

"확신을 가지고 '아니오'라고 말하는 편이, 단순히 남을 기분 좋게 해주려고 혹은 문제를 일으키지 않기 위해 '예'라고 말하는 것보다는 훨씬 낫다." – 마하트마 간디

남에게 끌려다니고 휘둘릴 필요가 없다. 남의 감정은 나의 것이 아니고, 내가 제어할 수 있는 영역이 아니다. 그렇다고 계속 남의 눈치만 보고 나의 의견을 말하지 않는 것도 옳지 않다.

자존감이 채워지고 스스로가 가치 있는 존재임을 알게 되면서 나는 서서히 달라졌다. 나의 가치는 다른 사람의 평가와 판단에서 나오는 게 아니라 내가 믿기로 한 생각에서 나온다는 것을 깨달았다. 그 이후, 나의 의견을 소신껏 잘 말하게 되었으며, 주변 사람이 어떻게 평가하든 신경 쓰지 않게 되었다.

주변에 휘둘리지 않고 소신 있게 사는 3가지 원칙

첫 번째, 모든 사람에게 인정받을 필요는 없다.

미움받을 용기를 가져라. 모든 사람이 나를 좋아할 수 없고 나와 생각이 같을 수 없다. 나의 의견과 같은 사람도 있고 다른 사람도 있다. 눈치를 보면서까지 나의 의견을 굽힐 필요는 없다. 소신 있게 자신의 의견을 이야기하자. 휘둘리지 않고 나아가기 위해서는 주변의 영향과 의견을 비판적으로 평가할 수 있는 능력이 필요하다. 사회적 압력이나 다른 의견을 받아들이기 전에 항상 의문을 가지고 분석하고 판단해야 한다. 비판적 사고를 발전시키면 자신만의 독립적 의견을 형성할 수 있고, 당당하게 살아갈 수 있다. 자신의 가치와 목표에 충실하면서 다양한 시각과 의견을 수렴하고 고려하지만, 최종적인 결정은 스스로가 한다.

20대 때에는 관계 형성에 집착했다. 모든 사람이 다 나와 친하게 지내고 많은 인간관계를 가지고 있는 것이 있어 보인다고 생각했다. 하지만 주소록에 있는 수백 개의 연락처 중 내가 정말 힘들고 내 이야기를 속 시원하게 터놓고 말할 수 있는 사람이 몇 명이나 될까 생각해보니. 별로 없었다.

MBN에서 방영된 예능인 〈더 먹고 가〉는 서울 산동네 꼭대기 집에서 생활하며 스타들을 초대해 밥상을 차리고 스타를 초대하는 프로그램이다. 〈아침이슬〉, 〈가을아침〉, 〈이루어질 수 없는 사랑〉 등의 노래와 〈MBC 표준FM 여성시대〉를 24년 동안 진행하고 있는 가수 양희은이 게스트로 출연했다. 그녀는 삶의 경험을 통해 인간관계에 대해 이렇게 정의했다.

"많은 인간관계에 얼기설기 무슨 오지랖 넓은 거 다 쓸데없다는 거. 한두 사람 잡고 사는 거야, 인생은. 설명 없이 나를 알아주는 사람이 있잖아." – MBN 〈더 먹고 가〉 중에서

그녀는 일찍 아버지를 여의고 어머니가 보증을 잘못 선 데다가 어머니 가게인 양장점이 불타버려 집안이 기울어 힘든 대학 시절을 보냈다. 대표곡이 정치적 이유로 금지곡이 되고 서른 살 난소암 판정을 받은 그녀는 인생의 중대한 갈림길에 서게 되었고 굴곡이 많았다. 그녀의 연륜과 내공 속에서 인간관계에 대한 그녀만의 소신이 느껴진다.

껍데기뿐인 관계는 대외적으로는 있어 보일 수 있지만 의미가 없다. 삶의 내공이 쌓이다 보니 이제는 안다. 손가락 안에 드는 소중한 인연 몇 명만 있어도 마음이 꽉 차고 충분하다는 것을. 이제는 굳이 나와 맞지 않는 사람과 관계를 유지하려 노력하지 않는다. 나와 가치관이 잘 맞고 내가 좋아하는 사람만 만나도 시간이 부족하다. 모두에게 인정받을 필요는 없다.

두 번째, 자신의 기준을 가져본다.
나는 나만의 기준이 없이 사람들에게 끌려다니고 휘둘렸다. 아침에 만난 선배가 내 머리가 이상하다고 했을 때, 거울을 보고 정말 이상했다면 머리 모양을 정돈했을 것이다. 하지만 이상한 구석이 없었다면? '내 기준에는 이상한 점이 없는데' 하고 지나간다. 하루 종일 머리를 쳐다볼 필요도 없고 '나한테 왜 저렇게 말하지?' 선배의 말을 곱씹으며 상처나 스트레스를 받을 필요도 없다. 자신의 기준을 갖고 남의 말에 일희일비하거

나 상처받을 필요가 없다. 내가 판단하면 된다.

자신의 기준을 통해 가치와 믿음을 확인하는 것은 휘둘리지 않고 소신을 갖는 방법이다. 자신의 관심사와 역량을 탐구하고 내가 무엇을 원하는지 명확하게 하여 주변의 영향에 휘둘리지 않으면 된다. 자기 행동과 결정이 자신의 가치관과 일치하는지 항상 생각해야 한다. 여러 상황에 마주할 때 아니다 싶은 건 '아니'라고 단호히 얘기하는 용기가 필요하다. '나는 이걸 좋아해요, 이런 건 싫어해요. 이런 취향이에요.'라고 얘기할 수 있는 자신의 기준을 가진 사람이 되어보자.

세 번째, 남에게 묻지 말고 알아서 해결한다.
우리는 삶 속에서 다양한 문제와 선택을 마주한다. 이때 다른 사람에게 도움을 청하는 것은 자연스러운 선택이다. 진심으로 나에게 관심이 있고 나의 삶을 응원해주고 지지해주는 마음가짐을 가진 사람에게 묻는다면 생각지도 못한 아이디어나 인사이트를 얻을 수 있다. 하지만 매사부정적인, 경험도 없는 나와 비슷한 사람에게 조언을 구한다면 부정적인 대답을 듣게 되고, 자신에게 더 마이너스가 될 수도 있다.

유튜브를 시작하기로 결심했다고 예를 들어보자. 부정적인 성향의 지인에게 "나 유튜브 해볼까?"라고 묻는다. 분명히 돌아오는 대답은 다음과 같을 것이다.

"유튜브? 그거 벌써 레드오션이야."

"지금 시작한다고 해서 뭐 되겠어? 네가?"
"괜히 시간 낭비하지 마."

열심히 해보려고 기획도 하고 촬영 연습도 했는데 얼마나 맥이 빠지겠는가. 시작할지 말지 고민하다 어렵게 꺼낸 이야기였을 텐데, 해보자는 마음이 들다가도 부정적인 대답을 듣고 기운 빠진 목소리로 "그렇겠지…?" 하며 지레 포기를 하게 될 것이다.

나를 휘두르는 사람이 아니라 내 선택에 도움을 줄 사람을 찾자

혼자 결정할 수 없다면 누구에게 질문해야 할까?

주변에 유튜브 채널 운영을 시작해 성공한 사람에게 물어보자. 그런 사람이 없다면 적어도 나보다 일찍 시작해서 소소해도 약간의 성과를 거둔 경험이 있는 사람, 그 분야에 어느 정도 지식을 가지고 있는 사람에게 물어보자. 내 주변에 있는 나와 비슷한 사람은 결국 나와 비슷한 의견을 내놓을 수밖에 없음을 기억하자.

신뢰할 수 있는 사람에게 질문해야 한다. 관련 분야에 지식과 경험이 많고 전문성이 있는 사람, 성공한 사람 혹은 열심히 성공 가도를 향해 달리고 있는 사람. 마음가짐이 건강하고 매사 긍정적인 사람에게 물어보자. 내 주변에는 자격지심을 가진 사람이 너무나 많았다. 조언을 구하려고 질문을 하면 다른 소리를 하는 경우가 많았고 상대방이 잘되는 게 배가 아파서 부정적인 답변을 일삼았다. 끊임없이 비교해서 자신이 우월한 부분을 찾아 상대방을 더 낮은 존재로 만들어야 속이 시원한 사람들이었다.

그 이후 주변에 질문을 하지 않았고 온라인에서 만난 나보다 성공한 사람이나 부의 마인드를 가진 사람, 유명한 사람들의 비슷한 상황들을 책이나 영상으로 보면서 마음을 다잡고 나의 주관대로 차근차근 답을 찾아갔다. 지혜롭게 선택한 사람들과의 대화는 우리에게 도전과 격려를 해주고 더 나은 결과를 끌어낼 수 있도록 힘을 준다. 옳은 조언과 지식은 우리의 시야를 넓혀주고 새로운 관점에서 상황을 객관적으로 볼 수 있도록 한다.

질문할 사람이 주변에 없거나 책을 통해서도 답을 찾지 못한 경우, 너무 예민한 질문 이어 묻기 망설여진다면 제3의 인물을 만들어 질문과 답을 스스로 해보는 방법도 좋다. 내 인생은 정말 너무 중요하다. 너무 중요하기에 가까이에서 인생을 들여다보면 정작 어떻게 해야 할지 갈피를 못 잡는 경우가 많다.

그럴 때는 한 발짝 물러서서 나를 제삼자의 입장으로 3인칭으로 바라보자. 제3의 인물을 만들어보는 것이다. 혹은 '이 사건이 내 친구에게 일어났다면? 나는 친구에게 무슨 말을 해줬을까?'하고 생각해보는 것이다. 그렇게 하는 것만으로도 나의 문제에 대해 객관적인 답을 내놓을 수 있다. 나는 이 방법을 통해 문제를 현명하게 해결했다.

결국 내 인생이다. 사람들은 남의 일에 대해 왈가왈부하지만 실제로 남의 인생에는 크게 관심이 없다.

미국 34대 영부인이었던 엘리너 루스벨트는 "남들이 당신을 어떻게 생각할까? 너무 걱정하지 마라. 남들은 그렇게 당신에 대해 많이 생각하지 않는다. 당신이 동의하지 않는 한 이 세상 누구도 당신이 열등하다고 느끼게 할 수 없다."라고 말한다.

잠깐 다른 사람들 입에 오르락내리락할 뿐이다. 그들은 이슈화된 당사자가 느끼는 감정이나 그 이후의 결과에 관심이 없다. 사람은 자기 인생에 가장 관심이 많다.

그러니 내 인생 관심 없는 사람들에게 물어보지 말고 그 사람의 말 한마디에 내가 휘말릴 필요도 없다. 당신이 동의하지 않는 한 누구도 당신이 열등하다고 판단할 수 없다. 스스로가 믿고 결정한 것을 소신 있게 잘 밀고 나가자. 상황을 객관적으로 보고 판단하고 나 자신의 뚜렷한 가치관과 주관을 가지고 살아가면 된다. 자신의 역량을 갈고닦아서 지혜로워지면 된다. 남에게 묻지 말자. 꼭 물어야 한다면 현명하고 지혜로운 사람에게 물어보자.

나를 라이프 위너로 만든 문장들

누구도 저와 제 사람들을 건들지 못하도록 제 말, 행동에 힘이 실리고 어떠한 부당함도 누군가에게도 휘둘리지 않는 제 삶의 주체가 저인 게 당연한 소신의 대가가 없는 그런 삶을 살고 싶습니다.

– JTBC 드라마 〈이태원 클라쓰〉 중에서

"

스스로 당당하고 소신 있는 삶. 휘둘리지 않는 그런 멋진 삶을 나도 살고 싶다. 그것이 결국 자유인 것이다.

"

책을 읽고 기록하고 공유하라

책은 잘 다듬어진 렌즈처럼 세계를
새로운 시각으로 보여주는 가장 가까운 친구이다.

− 폴 칼라니티 −

독서로 치유하다, 오프라 윈프리의 감동적 변화

2005년 〈타임〉 선정 '20세기의 위대한 인물', 2007년 〈포브스〉 선정
'세계에서 가장 영향력 있는 인물'에 오른 미국의 방송인이자 배우인 오
프라 윈프리는 독서를 통해 삶이 달라진 대표적인 인물이다.

그녀는 흑인 사생아로 태어나 외할머니에게서 자라며 불우한 시절을
보냈다. 학교에서 유일한 흑인으로 열등감에 휩싸였고 아홉 살 때 사촌
오빠에게 상간당하고 반항아로 변해 집 밖을 나돌게 되면서 원치 않는

임신을 하게 되어 14살 때는 미숙아를 낳았는데 아이는 2주 만에 세상을 떠났다. 그녀는 희망이 보이지 않는 삶을 살며 마약에 빠져들었다.

그러다가 아버지 집으로 오게 되었는데, 새엄마는 어린 윈프리에게 책을 읽게 했다. 그녀는 독서를 통해 자신의 상처를 치유하며 삶을 바꾸어 나갔다. 그녀는 독서를 통해 자기 능력과 가치를 키워나가기 시작했다. 자신감을 회복하고 꿈과 희망을 품게 되고 학교를 졸업한 윈프리는 지방 방송국에 리포터로 사회생활을 시작했다. 서른이 될 무렵부터 토크쇼를 진행했고 곧이어 〈오프라 윈프리 쇼〉라는 자신의 이름을 내건 방송으로 시청자들에게 감동을 주었다. 그녀는 25년간 전 세계 140여 개국 사람들이 시청한 〈오프라 윈프리 쇼〉의 진행자이자 제작자이다. 그 모든 자원이 그녀가 읽은 책에서 나왔다.

그녀는 책을 통해 다른 사람을 이해하기 시작했다. 책을 통해 자신과 같은 불행을 겪고 있는 사람들을 만나면서 사람의 감정을 이해하는 능력을 키울 수 있었다. 그녀는 세상을 원망하고 삶을 포기할 뻔했지만 괴로움과 고통을 책을 통해 이겨냈고, 독서에 놀라운 힘이 있는 것을 깨달았다. 그녀는 해럴드 워싱턴 도서관에 10만 달러를 기부하며 다음과 같은 말을 했다.

"저는 책을 통해 자유를 얻었습니다. 저는 책을 읽으며 농장 너머에는 정복해야 할 큰 세상이 있다는 것을 알게 되었습니다."

독서를 통해 당신의 가치와 행복을 찾아라

나는 늘 누군가와 비교하며 스스로 우울해지는 사람이었다. 나보다 많이 가진 사람, 더 잘난 사람을 바라보며 열등감에 휩싸여 살았다. 정작 내가 가지고 있는 나만의 가치를 들여다보지 못했다. 세상의 잣대를 나에게 맞추며 남이 추구하는 가치가 내가 추구해야 하는 가치인 줄 착각하며 살았다.

오프라 윈프리가 불행을 이겨냈던 것처럼 나도 열등감을 느끼며 매사 부정적이었던 삶을 변화하고 싶었다. 지금 당장 할 수 있는 방법은 독서였다. 책을 읽지 않았던 사람이었기에, 어려운 책은 엄두를 못 내고 처음에는 비교적 짧은 시간에 읽을 수 있는 에세이부터 읽기 시작했다. 작가의 생각, 작가의 어려웠던 삶을 보며, 다른 사람들은 다 잘 살고 있고 나만 힘들다는 생각이 바뀌었다. "지금 나도 행복한 일이 많은데 남과 비교하며 사느라 정작 눈앞에 있는 나의 행복을 놓치고 살아가고 있구나." 하는 생각이 들었다.

그 후에는 자존감과 심리에 관련된 책들을 읽어나갔다. 윤홍균의 『자존감 수업』을 통해 자존감이란 무엇인지, 자존감을 올리기 위해서는 어떤 노력이 필요한지, 양창순의 『오늘 참 괜찮은 나를 만났다』를 통해 감정을 다루는 법, 사람과 좋은 관계를 유지하는 법을, 김윤나의 『말 그릇』을 읽으며 상황에 맞게 말을 잘하는 방법을 배울 수 있었다.

독서를 통해 원하는 삶에 집중하는 법을 배웠다. 비어 있던 내면이 채워지고 있음을 느꼈다. 나를 인정하고 사랑하게 되었고 나의 부족한 점을 받아들이게 되었다. 내가 이미 가지고 있는 소중한 것이 무엇인지를 바라보게 되었다. 나는 더는 불행한 사람이 아니다. 나도 행복한 사람이고 무슨 일이든 해낼 수 있는 사람이다. 독서를 통해 행복을 느끼는 마음이 있어야 불행한 일도 행복한 일이 된다는 사실을 알게 되었다.

나는 책 속의 성공자들로부터 성공의 비밀을 배웠다

책에서 많은 사람을 만났다. 문해력이 좋아진 다음에는 경제 경영 분야를 읽었다. 그때 읽었던 책이 김승호 회장의 『김밥 파는 CEO』다. 무일푼에서 출발해 700억 원의 기업체를 일군 드라마 같은 이야기다. 김승호 회장은 "아무것도 시도하지 않는 사람에게는 모든 것이 불가능하다."라고 이야기한다. 맞는 말이다. '그래, 나도 뭐라도 해봐야겠다.'

나는 책을 통해 성공한 사람들, 부자들의 마인드와 생각을 흡수했고 당장 실행할 수 있는 일들을 따라서 했다. 나도 그렇게 살 수 있을 것 같다고 생각했다. "하면 되는구나, 저 사람은 나보다 더 힘든 일이 많았는데 그 역경을 다 딛고 저 자리에 올라갔구나!" 책을 통해 부자의 마인드와 생각을 배우며 "나도 할 수 있을까?"에서 "나도 할 수 있다. 나는 이미 해냈다"라는 생각으로 바뀌게 되었다.

현대사회는 바쁘게 돌아가기에 책을 읽는 사람도 별로 없고 영상이 발달 되어 있다 보니 요약본을 보거나 영상으로 지식을 습득하는 사람이 더 많다. 실제로 주변 사람들에게 독서를 권하면 "영상으로 보면 안 되나요?"라고 묻는다. 영상도 정보를 얻는 데 좋은 수단이지만 책에서 얻는 지식의 질과 영상으로 얻는 지식의 질은 많은 차이가 있다.

영국의 언론인이자 정치가인 리처드 스틸은 "읽기와 마음의 관계는 운동과 몸의 관계와 같다."라고 말했다.

꾸준한 운동을 통해 근육이 만들어지듯 독서는 마음의 근육을 만드는 활동이다. 독서는 시간과 정성이 필요하다. 책을 쓴 저자들은 대외적으로 인정 받고 그 분야를 전문적으로 공부한 사람들이다. 저자들이 다년간 연구하고 성찰한 결과가 함축되어 책 안에 담겨 있다. 짧게는 몇 개월 길게는 몇십 년 동안의 내공이 담긴 결과물이다. 나 대신 그 분야를 연구해주셨으니 시간도 아껴주고 얼마나 감사한 일인가? 평균 200~300페이지의 책 안에 정보가 알차게 들어 있다. 독자는 책을 읽음으로써 지식을 흡수할 수 있다. 천천히 흡수되는 만큼 오래 기억에 남게 되고 그 깊이가 다르다. 독서를 통해 통찰력이 생기고 내가 가진 지식과 책을 통해 알게 된 지식을 연결해 더 다양하고 넓은 생각을 할 수 있다. 책을 읽으면 읽을수록 내 지식이 우물 안 개구리였음을 느끼게 된다. 더 많은 것을 알고 싶어진다.

책과 친해지는 여정 속으로 걸어가자

책과 친하지 않았던 사람이라면 어떤 책을 읽어야 할지 막막한 생각이 들 것이다. 너무 어려운 책을 읽자니 집중이 안 될 것 같고, 쉬운 책도 뭘 읽어야 할지 감이 잡히지 않는다. 고르기가 쉽지 않다.

먼저 책과 친해지는 시간을 가져보자. 도서관이나 서점에 가서 관심 있는 분야의 책을 살펴본다. 에세이, 소설, 자기 계발, 심리, 역사, 과학…. 다양한 분야의 책이 있을 것이다.

책을 읽어오지 않았다면 어려운 내용의 책은 완독하기 어려우니 하나의 소제목에 내용이 1~2페이지 정도 되는 비교적 쉬운 책을 선택해 읽는 습관을 키워나가 보자. 에세이나 산문집으로 시작해보면 좋다. 작가와 대화하는 듯한 느낌으로 읽어나갈 수 있고 책과 점점 친해질 수 있다.

책을 읽으며 느낀 점이나 떠오르는 생각이 있다면 적어보자. 책을 읽으면서 메모하면 생각이 많이 남고 나중에 다시 읽게 되었을 때 '그때는 이런 생각을 했구나.' 하고 회고해 볼 수 있다. 나는 좋은 책은 여러 번 다시 읽는다. 읽을 때마다 나의 상황이나 가치관이 달라지기 때문에 같은 책을 읽어도 매번 다른 생각이 든다. 한 번 완독했을 때의 생각과 재독을 했을 때의 생각을 비교해볼 수도 있다. 중요한 내용에는 밑줄을 그으며 읽고 책 귀퉁이 여백에 내 생각을 적어본다. 나중에 그 책을 다시 읽고 싶은데 시간이 없는 경우 밑줄 친 곳만 읽기도 한다.

관련 분야의 책을 완독하면 분명 다른 책이 또 읽고 싶어질 것이다. 관련된 분야의 책일 수도 있고 저자가 추천해준 책, 저자의 책에서 나온 새로운 분야의 책일 수도 있다. 새로운 분야로 확장해나가면 된다. 두루두루 지식을 섭렵하면 알아가는 재미가 있다. 그리고 내가 하는 일에 어떻게 접목할 수 있을지에 대한 아이디어도 샘솟게 된다.

라이프 위너들과 함께 독서하고 공유하라

독서하며 기록하면 더 오래 기억에 남는다. 읽기만 하고 아웃풋으로 이어지지 않으면 지식이 증발해버린다. 독서 노트를 만들어보자. 아날로그 방식을 좋아한다면 마음에 드는 노트를 한 권 구매해도 좋다. '노션'이나 '에버노트' 등을 통해 기록해도 되고, 블로그에 게시판을 만들어 작성해도 좋다.

나는 노션을 통해 독서 노트를 만들어 책 사진과 함께 기억하고 실행하고 싶은 내용들을 쭉 적는다. 글로 적는 게 좋은 책은 몰스킨 노트에 적고 곱씹어본다. 그것을 다시 노션으로 옮겨둔다. 물론 시간이 오래 걸린다. 예전에는 독서의 질보다 양에 집착했었는데 이제는 질에 조금 더 집중하게 되었다. 아무리 많이 읽어도 그것을 나의 삶에 적용하지 못하고 책을 통해 배운 점을 실행해나가지 못한다면 의미가 없기 때문이다.

블로그나 인스타그램 등을 통해 느낀 점을 공유해보자. 내가 얻은 인사이트를 많은 사람에게 공유함으로써 생각을 나누고 다른 사람의 생각과 인사이트를 역으로 얻을 수도 있다. 공유를 통해 다른 사람에게 위로와 힘을 줄 수 있다. 독서 모임에 참여하여 생각을 나누는 방법도 있다.

책을 읽는 것이 처음에는 쉽지 않다. 졸리기만 하고 내가 책을 읽는 건지 글자를 보고 있는 건지…. 하지만 쉬운 책부터 차근차근 읽다 보면 책이 주는 힘에 매료되고, 책을 고르는 나만의 노하우도 생길 것이다. 하루 10분 당신의 시간을 투자하면 당신도 변할 수 있다. 라이프 위너들으 늘 책과 함께 일상을 보낸다.

독서노트

** 〈독서 노트〉 '노션'을 이용해 독서 노트를 꾸준히 작성하고 있다.

　　직관적으로 책 목록을 확인할 수 있다.

　　책의 내용 중 나의 삶에 적용하고 싶은 내용과 내 생각을 함께 적는다.

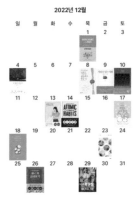

** 〈독서 결산(왼쪽)〉 : 매달 읽었던 책을 인스타그램에 책 달력을 만들어 업로드하고 있다.

　　한 달에 평균 8권가량의 책을 읽고 있고,

　　업로드 시에는 읽었던 책 중 기억에 남은 책을 간략하게 소개하고 있다.

** 〈독서 서평〉 인스타그램에 읽은 책의 내용과 감상을 기록하고 있다.

　　'#해원칭_서평'이라는 해시태그를 만들어 일목요연하게 관리하고 있다.

TIP 책을 고르고 꾸준히 읽는 방법

1. 책은 어디에서 읽어야 할까?

- 지역 도서관에서 대출

- 온라인/오프라인 서점

- 전자책 서비스(밀리의 서재, 예스24, 북클럽 등)

2. 책은 어떻게 고를까?

- 관심 있는 분야를 선택한다.

- 목차나 첫 챕터를 읽어 쉬워 보이는 책, 잘 읽히는 책을 고른다.

3. 책을 어떻게 꾸준히 읽을까?

- 하루에 몇 페이지를 읽을지 정한다. 많이 읽을 필요 없다.

  ex) 하루 10분, 5장

- 읽으며 기억하고 싶거나 중요하다고 생각되는 곳에 밑줄을 긋는다.

- 책을 읽으며 든 생각이나 느낌을 적어본다.

- 한 권의 책을 읽는 것이 지루하다면 여러 책을 번갈아 가며 읽는다.

- 활동하는 장소마다 책을 두어 독서를 습관화한다.

  (침대, 화장실, 책상, 식탁 등)

라이프 위너가 말한다! Life winner says⋯

"내게 맞고, 즐거우면 결국 하게 된다."

새벽에는 명상과 스트레칭을 하고 시각화와 긍정 확언을 한다. 걱정되는 일이 있을 때 더 강하게 시각화와 긍정 확언을 하고 잠재의식을 바꾸려는 노력을 한다. 매일 운동, 책, 신문 세 가지는 빼먹지 않는다. 쉬는 날은 스트레칭이나 가벼운 산책을 한다. 자기 전에는 오늘의 감사한 일 세 가지를 적으며 하루를 마무리한다.

힘들 때도 있다. 매일 새벽에 일어나지는 못한다. 피곤한 날은 '아, 내 몸이 피곤하구나.' 받아들이고 주말에는 늦잠도 잔다. 잠은 꼭 7시간을 자려고 노력한다. 시간을 잘 쪼개면 충분히 자면서 여러 활동을 할 수 있다. 그래서 체력 관리가 필수이다. 일과가 힘들지 않은 가장 큰 이유는 내가 결정한 삶이고 내가 즐겁기 때문이다. 억지로 했다면 진작 그만뒀을 것이다.

LIFE
WINNER

PART 4

기록은 힘이고
발전이다

기록을 통해 자기 자신과 대화하라

우리가 왜 사는지 무엇 때문에 사는지에 대한 질문을 포기하지 마.
그 질문을 포기하는 순간 우리의 낭만도 끝이 나는 거다.

– SBS 드라마 〈낭만닥터 김사부3〉 중에서 –

기분과 감정을 꾸준히 기록하며 나 자신과 대화하자

카카오TV 〈톡이나 할까〉에 출연한 『살인자의 기억법』, 『오직 두 사람』, 『여행의 이유』 등으로 알려진 김영하 작가는 이야기했다.

"자기가 뭘 원하는지, 뭘 좋아하는지 몰라서 고통받는 젊은이들이라면 매일 글을 써볼 필요가 있다고 생각한다." – 카카오TV 〈톡이나 할까〉 중에서 그는 글을 쓰다 보면 자기감정에 관해서 쓰게 되고 글쓰기를 반복하면 자신에 대해 명확하게 알게 되는 것 같다고 이야기하면서, 고등학교 3학년 내내 하루도 빠짐없이 일기를 썼다고 한다. 자신의 기분, 감정을 꾸준히 기록하는 것은 중요하다.

솔직하게 내 이야기에 귀를 기울이는 시간이 살면서 얼마나 될까. 내가 뭘 원하는지, 뭘 좋아하는지 생각을 정리하고 나를 아는 방법으로 기록만 한 게 없다. 말과 생각은 순간적이고 유동적인 성격을 가지기 때문에 내용과 의미를 기억하기 어렵다. 기록하지 않으면 생각은 달아나버린다. 기록을 통해 자신과 대화하는 시간은 내면 성장의 밑거름이 될 것이고, 어제보다 더 나은 삶으로 당신을 이끌어 줄 것이다.

기록을 통해 꾸준히 나와 대화했다. 나는 20대 중반에 자아정체성이 확립되었는데 그전까지만 해도 내가 좋아하는 게 무엇인지, 내 성격은 어떤지, 잘 알지 못했는데, 기록을 통해 알게 되었다. 내가 좋아하는 것들을 적어보고, 내가 하면 즐거운 활동들을 적어보고, 내가 좋아하는 사람의 성격, 싫어하는 사람의 성격도 적어 보며 나에 대해서 하나씩 알아나갔고 외부로 인해 흔들리는 삶이 아닌 단단한 내면을 가진 내가 만들어졌다.

불안하거나 고민이 있으면 적어본다. 적는 것만으로 자연스럽게 해결되는 고민도 있고, 머리를 비워내면서 답답했던 마음이 풀리기도 한다. 기록은 돈이 들지 않는다. 특별한 사람이 아니어도 할 수 있고 지금 당장 시작할 수 있다. 하루하루 삶이 힘들고 버겁다면, 아무도 내 편이 아닌 것 같고 외롭다면 내 생각을 기록하고 정리하며 내 마음을 들여다보자.

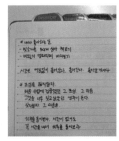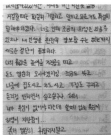

** (왼쪽부터) 〈기록을 통해 나의 취향 알아보기〉 기록을 통해 나 자신을 알아나갔다.

　좋아하는 것이 무엇인지, 무엇이 하고 싶은지 고민했다.

** 〈기록을 통해 나를 돌아보기〉 〈지금까지 써온 기록 노트〉

　마음에 들지 않는 나의 모습을 적어보기도 하고, 되고 싶은 나의 모습을 상상하며 적어보았다.

성공한 메모광들의 비밀, 기록으로 자신을 다스려라!

　기록을 통해 나와 마주하는 시간을 보내면 자연스럽게 하고 싶은 일, 새로운 목표가 생길 것이다. 꾸준한 기록은 목표를 달성하는 데 도움을 준다. 성공한 사람들은 모두 메모광이었다. 미국의 제16대 대통령 에이브러햄 링컨은 긴 모자 속에 항상 연필과 종이를 넣고 다녔고 작곡가 슈베르트는 악상이 떠오를 때마다 연필로 메모한 사람으로 유명하다. 발명왕 에디슨은 사후에 4,200개의 메모 수첩이 발견될 정도로 메모광이었다. 미국의 제32대 대통령 루스벨트도 메모광으로 잘 알려져 있다.

　솔직히 말하면, 나는 해야 할 일을 자주 잊어버려서 기록하기 시작했다. 기억하기 위해 메모했던 습관이 지금의 기록으로 남게 되었다. 사회초년생 때에는 힘든 마음을 하소연하려고 글을 썼다. 낮아진 자존감 회복에 많은 도움이 됐다. '하고 싶은 일은 많은데 경제적 시간적 여건이 되지 않으니 언젠가는 해보리라' 생각하며 버킷리스트를 쭉 적어보았다. 기록의 힘인 걸까, 버킷리스트를 꽤 많이 이뤄냈다. 야간대학에서 공부할 때도 과제나 일정을 기록하며 바쁜 일과를 빠뜨리는 일 없이 보냈다.

 기록한다고 무조건 성공하고 목표를 달성하는 것은 아니지만 대부분의 성공한 사람은 꾸준하게 기록해온 사람이라는 사실을 기억하자. 저마다의 기록하는 방식은 다르지만, 자신만의 스타일로 기록을 해 나가고 있다. 자신을 다스리는 데 있어 기록만큼 중요한 것은 없다. 기록을 통해 목표를 달성해나가는 멋진 라이프 위너가 되어보자.

버킷 리스트

일
- [ ] 피아노 한달에 한곡 마스터
- [ ] 내 이름으로 된 사진전 열기
- [ ] 책 출판하기
- [ ] 자격증 50개 취득
- [ ] 바리스타 배우기
- [x] IEQ지도사 자격증 취득
- [ ] 복합문화예술공간 만들기
- [ ] 1년에 하나씩 연구하기
- [ ] 플로리스트 공부
- [ ] 캘리그라피 배우기
- [ ] 유튜버 되기
- [ ] 파워블로거 되기
- [x] 인스타그램 1만 팔로워 만들기
- [x] 1년에 책 100권 읽기
- [x] 운전면허 취득

건강
- [ ] 수상스키
- [ ] 스카이다이빙
- [ ] 패러글라이딩
- [ ] 수영
- [ ] 마라톤완주
- [x] 자전거대회 출전
- [x] 윗몸운동기구
- [ ] 바퀴 큰 자전거 구입
- [x] 꾸준히 운동하기
- [x] 국토종주 그런드슬램
- [x] 평생 건강한 몸매로 살기

관계
- [x] 누군가의 멘토 되어주기
- [ ] 가족과 여행
- [ ] 누군가의 롤모델
- [ ] 영향력 있는 사람 되기
- [ ] 후회하지 않는 삶 살기
- [ ] 주중 1~2회 혼자만의 시간 갖기
- [ ] 봉사활동
- [ ] 등 등

돈
- [ ] 10억 모으기
- [ ] 억대연봉자 되기
- [x] 한달에 100만원의 저금하기
- [ ] 등 등

여가
- [ ] 그랜드캐년
- [x] 유럽여행
- [ ] 세계 곳곳에 친구 만들기
- [ ] 캠핑카 타고 여행하기
- [ ] 라크크오케셜 공연가기
- [ ] 세계 전통의상 입어보기

** 〈버킷리스트〉 버킷리스트(bucket list)는 '킥 더 버킷(kick the bucket)'이라는

'죽다'라는 뜻을 가진 영어 속어에서 유래된 말로,

죽기 전에 한 번쯤은 이루고 싶거나 꼭 해보고 싶은 소망들을 작성한 목록이다.

영화 〈버킷리스트〉를 보고 적기 시작했으며, 하나씩 이뤄나가는 즐거움이 있다.

라이프 위너의 기록하는 7가지 방법

1. 플래너(다이어리)

하루 일정과 업무 내용은 플래너에 기록한다. 한 달, 한 주, 하루 단위로 스케줄 관리를 직관적으로 할 수 있다. 나는 위클리 플래너(월~일이 한 페이지에 칸으로 나뉘어 구성되어 있음)를 사용하다가 몇 년 전에 업무가 늘어나면서 데일리 플래너(하루가 한 페이지로 구성되어 있음)를 사용하고 있다. 아침에 일어나 해야 할 일을 적으며 하루를 시작한다. 일과를 보내며 완료한 일들은 동그라미로 표시하고 오늘 하지 못한 일은 내일 해야 할 일에 추가한다. 해야 할 일을 적어두면 빠뜨리지 않고 우선순위대로 해낼 수 있다. 저마다의 플래너 작성 방식에 맞는 유형의 플래너를 선택하면 된다.

** 〈위클리 플래너(왼쪽)〉 20대에는 위클리 플래너를 썼다.

　 한 페이지에 일주일 분이 담겨 있어 한눈에 볼 수 있다.

** 〈데일리 플래너(오른쪽)〉 30대에는 데일리 플래너를 사용하고 있다

　 위클리 플래너보다 하루에 할당된 영역이 넓어 여유 있게 쓸 수 있다.

2. 에버노트, 노션 등의 앱

기록할 수 있는 툴이 많이 있다. 처음에는 에버노트를 사용했었는데 요즘은 노션과 같이 사용하고 있다. 에버노트는 책을 읽기 시작했을 때부터 사용하여 독서 기록과 글을 적어왔다. 스마트폰과 태블릿, PC에서 동기화가 되어 공간과 시간에 제약 없이 기록할 수 있다. 태그로 분류해두면 일목요연하게 정리가 되고 자주 보는 노트는 바로가기에 추가할 수 있다.

노션은 최근에 사용하기 시작했는데 주제별로 나눠서 카테고리를 만들 수 있고 기록에 따른 보기방식을 설정할 수 있다. 콘텐츠 아이디어나 강의 기록 시에도 유용하게 사용하고 있다.

꾸준히 기록으로 채워나가는 데 에버노트와 노션이 아주 요긴하기에, 한 번씩 사용해보고 자신의 기록방식에 적합한 툴을 사용하면 좋겠다.

** 〈에버노트(왼쪽)〉 노트를 개별적으로 만들 수 있고, 각각의 노트에 태그를 달아 분류할 수 있다.

** 〈노션(가운데, 오른쪽)〉 카테고리별로 직관적으로 볼 수 있다는 장점이 있고,

페이지에 세부 페이지를 넣어 분류할 수 있다. 리스트, 갤러리, 표, 보드, 타임라인 등으로

레이아웃을 개별적으로 설정할 수 있다.

3. 카카오톡 나와의 채팅

에버노트, 노션을 실행할 여유도 없을 때는 카카오톡 나와의 채팅이 단연 최고다.

나와의 채팅은 당장 생각나는 것이나 통화 중 재빠르게 기록으로 옮겨야 할 때 아주 유용하게 쓰인다. 사진, 영상, 파일, 링크, 글 등 다양하게 보낼 수 있다.

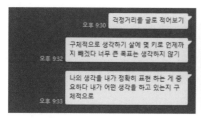 

** 〈카카오톡 나와의 채팅〉 나와의 채팅을 통해

갑자기 든 생각을 적거나 파일 등을 옮겨 효율적으로 사용할 수 있다.

대신 나와의 채팅은 자료가 쌓이게 되니 나중에 정리를 한번 해주면 좋다.

4. 녹음하기

길을 걸어가다 문득 아이디어를 떠올릴 때가 있다. 좋은 구절이 떠오르기도 하고 나중에 글을 적을 때 좋을 영감이 떠오르기도 한다. 이럴 때 녹음기능을 활용한다. 스마트폰에 녹음 앱이 기본적으로 설치되어 있기에 녹음을 한 후 PC로 옮길 수 있고 '네이버 클로바 노트'라는 프로그램을 사용하면 글자로 변환시켜줘서 글자 기록으로 손쉽게 옮길 수 있다.

아이폰의 경우 받아쓰기 기능이 있어 받아쓰기를 활성화한 후 메모장 등에 녹음하면 글로 옮겨준다.

원신흥동 6
2023. 5. 19.　　00:25

온천동로
2023. 5. 9.　　00:56

봉명동 13
2023. 4. 24.　　00:27

용포리
2022. 12. 3.　　00:08

원신흥동 5
2022. 10. 28.　　00:10

CLOVA Note

새 노트 만들기

🏠 홈
📄 전체 노트
🔗 공유 받은 노트

내 폴더

체력을 길러야하는 이유

전체 노트 · 5.28 일 오후 8:45(오후 4:08 수정) · 35초

최혜원 ✏

음성 기록

🐱 참석자 1 00:01
니가 이루고 싶은 게 있다면 체력을 먼저 길러라

** 〈녹음하기(왼쪽)〉 녹음은 길을 걸어가다 혹은

대화를 나누다 기억하고 싶은 내용이 있을 때 사용하면 좋다.

산책 중 자연을 바라보며 드는 생각과 감상을 말하면서 녹음하기도 한다.

** 〈네이버 클로바 노트(오른쪽)〉 '네이버 클로바 노트'를 통해 녹음 파일을 문자로 변환할 수 있다.

발음이 좋으면 정화도도 높다. 말을 하는 연습을 할 때 사용하면 좋다.

5. 사진으로 기록하기

사진으로 기록하는 방법도 있다. 눈으로 본 것을 나중에 옮겨 적는 것은 그때의 생생한 감상이 담기지 못하기도 한다. 사진으로 찍어두면 그때의 추억과 기분, 냄새 등이 생각난다. 그래서 '남는 건 사진밖에 없다'는 말이 있는지도 모르겠다. 여행을 가면 나만의 시선으로 사진을 찍는다. 사진과 글로 기록해두면 멋진 나만의 추억 사전이 된다.

** 〈부산 여행 기록(왼쪽 위)〉
** 〈영월 별마로 천문대 라이딩 기록(오른쪽 아래)〉

사진을 통해 기록한다.

여행을 가거나 운동을 할 때 사진을 찍어두면 기억이 오래 남고 추억까지 기록이 된다.

6. SNS에 기록하기

SNS도 잘 활용하면 나만의 기록저장소가 될 수 있다. 사진을 중심으로 하는 인스타그램은 사진으로 기록한 내용을 글과 함께 업로드하여 나의 기록저장소로 만들 수 있다. 블로그는 글과 사진이 함께 들어가기 때문에 내 생각과 가치관을 사진과 함께 기록할 수 있다. 유튜브는 영상으로 당시의 상황을 생생하게 표현할 수 있다.

** 왼쪽부터 〈인스타그램〉, 〈블로그〉, 〈유튜브〉 기록이다.

운동 기록과 생각을 SNS에 올리면 나의 가치관을 기록하는 공간으로 활용할 수 있고,

다양한 사람들과 소통을 할 수 있다.

7. 노트에 기록하기

가장 간편하고 보편적인 방식이다. 손바닥만 한 노트를 휴대하여 그때그때 드는 생각을 적어본다. 가장 간편하고 잡다한 노트가 될 것이다. 이것저것 다 쓰면 된다. 나중에 다른 툴에 정리하면 된다. 나는 '장보기 목

록', '영감을 얻은 글', '오늘의 해야 할 일' 등 갑자기 생각난 것을 적는다.

　기록의 방식은 점차 진화하고 있다. 이 방법 말고도 포스트잇이나 메모 앱 등 저마다 다양한 방법으로 메모하고 기록하며 살아간다. 나에게 가장 적합하고 효율적이면서 오래 유지할 수 있는 기록방식을 찾아보자. 기록을 통해 자신과 마주하며 어제보다 더 성장하는 라이프 위너가 되어보자.

나를 라이프 위너로 만든 문장들

물이 고이면 썩는 것처럼 … 환기가 안 되면 마음에 차곡차곡 억누르기만 해
왔던 감정이 썩기 시작한다.

 — 『오늘 참 괜찮은 나를 만났다』, 양창순, 김영사

"

  나는 늘 감정이 고여 썩어 있었다. 감정에도 환기가 필요하다는 사
실을 모르고 살았다. 상대방의 사소한 말 한마디에 상처받고 마음이
무너지는 일들이 많았다. 이제는 기록을 통해 감정을 나쁜 감정은 밖
으로 내보내고 좋은 감정들만 담아두기 시작했다.

"

기록은 아이디어의 원천이 된다

휘갈겨 쓴 글은 환청과 마찬가지로, 위대한 아이디어의 산실이 될 수 있다.
위대한 아이디어는 깨끗한 메모가 아닌 휘갈겨 쓴 지저분한 메모로부터 생기는 것이다.

– 나카타니 아키히로 –

꾸준히 적어 온 기록의 내공이 위기를 성공으로 바꾸다

스타 강사 김미경은 코로나19 팬데믹 시기에 위기를 기회로 만든 대표적인 인물이다. 팬데믹으로 인해 오프라인 강의가 모두 취소되었을 때 그녀는 주저앉지 않았다. 매일 새벽에 일어나 이 상황을 어떻게 이겨낼 것인지 연구하고 몰두하기 시작했다.

그렇게 해서 찾아낸 답을 모아 『김미경의 리부트』라는 책을 출간하고 본인의 커리어를 오프라인에서 온라인으로 옮겨 〈MKTV〉 유튜브 채널을 개설했다. 콘텐츠 개수는 2,000개가 넘고 구독자는 168만 명이다. 그녀는 〈MKYU〉라는 온라인 대학을 설립하여 많은 3050 여성들에게 다양한 교육을 하며 성장을 돕고 있다.

강연, 책 출간, 유튜브, 인스타그램, 블로그…. 콘텐츠 크리에이터로 30여 년간 일한 그녀의 시작은 기록이었다. 처음 강의하던 스물아홉 살부터 매일 다이어리와 노트에 기록하고 있으며 지금도 하고 있다. 팬데믹이라는 역경 속에서도 그녀가 새로운 아이디어를 생각해낸 것은 30여 년간 축적된 기록의 내공 덕분이다. 기록은 생각을 깊게 하고 지식을 확장 시킨다. 그녀는 말한다.

"기록하는 사람의 끝에는 반드시 무언가 존재한다."

기록은 아이디어의 원천이 되고 지금 당장 아무런 가치가 없어 보일지 몰라도 쌓이고 쌓여 훗날 당신에게 많은 기회를 안겨줄 것이다. 이승희 마케터도 영감을 얻은 어떤 것, 기록하고 싶은 무언가를 꾸준히 기록했고 현재, 강연, 칼럼, 출간 등 다양한 활동을 하고 있다. 글, 사진, 영상 어떤 방법이어도 상관없다. 자신만의 편하고 재밌는 방법으로 기록해보자.

정리와 기획을 위한 메모, 아이디어를 관리하는 비결

친구와 이야기를 나누거나 혹은 혼자 길을 걷다 좋은 생각이 났는데, '나중에 적어놔야지.' 하고 넘겼다가 다시 기억하려고 할 때 생각이 나지 않아 속상했던 경험이 있을 것이다. 억지로 기억해내려 해도 도무지 기억나지 않는다. 스트레스만 받고 시간만 낭비하게 된다. 나 또한 이런 경험이 많았기에 생각이 나면 바로 메모를 한다. 좋은 아이디어일수록 금방 잊어버리게 된다. 머릿속에 뱅글뱅글 돌고 있는 아이디어를 기록한 뒤 꺼낼 수 있어야 내 삶 속에 적용하고 행동에 옮길 수 있다.

독서와 공부를 통한 기록, 삶을 살면서 느낀 점, 타인으로부터의 인사이트 등 메모 조각이 차곡차곡 쌓이면 여러 의사 선택을 할 수 있는 지혜가 생기고 다양하고 넓은 사고를 할 수 있다.

**〈노션에 적은 유튜브 콘텐츠 목록(왼쪽)〉〈에버노트에 적은 일상 노트(오른쪽)〉

노션과 에버노트를 사용하여 꾸준히 아이디어를 기록해둔다.

생각을 정리할 때나, 콘텐츠를 기획할 때도 도움이 된다. 태그로 분류해두면 많은

아이디어 노트 속에서 키워드나 태그를 통해 기록해둔 아이디어를 쉽게 찾아낼 수 있다.

공부 노트는 몰스킨 노트를 세 권째 쓰고 있다. 어학 공부부터 시작해서 건강 관련, 필사하기도 하고 독서 노트로 쓰기도 한다. 예전에는 다 나눠서 써 봤는데 노트 가짓수가 너무 많고, 관리하기가 힘들어 한 권에 몰아서 쓰고 있다. 노션이나 에버노트로 옮겨 기록하기 때문에 문제가 없다.

몰스킨 노트와 노션 등으로 두 번씩 쓰면 시간은 오래 걸리지만 그만큼 반복이 되어 머리에 오래 남는다. 아날로그 감성이 포기가 안 된다면 종이 노트에 기록하는 것도 좋다.

배달의 민족 마케터 출신으로 책 『기록의 쓸모』를 쓴 이승희는 일을 잘하고 싶어 기록을 시작했고 기록을 수집했다. 5박 6일 도쿄 여행을 다녀와 300장의 사진을 인스타그램에 올렸고 그 기록은 첫 책이 되었다.

"모든 기록은 나름의 쓸모가 있다. 내가 찍은 사진, 나의 감정, 말하고 싶은 메시지를 전달할 수 있다는 것만으로 내게는 충분히 의미 있는 경험이었다." – 『기록의 쓸모』, 이승희

아이디어의 원천인 기록을 일상에서 부지런하게 차곡차곡 모아 나가 보자. 기록이 자산이 되고 훗날 당신에게 많은 기회를 안겨줄 수 있을 것이다.

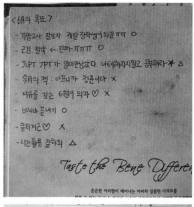
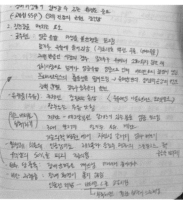

** (윗줄부터 왼쪽에서 오른쪽으로)

〈몰스킨 공부 노트〉 공부 노트는 몰스킨 노트를 이용한다. 세 권째 쓰고 있다.

〈매월의 목표 설정〉 매월 첫날 목표를 설정하고 플래너에 기록한다.

〈공부 노트〉 건강과 관련하여 공부한 내용을 적은 기록

나를 라이프 위너로 만든 문장들

자신을 객관적으로 보고 긍정적인 평가를 하는 일은 자신을 마음 깊이 인정하는 일로 이어져 자기 긍정감을 크게 높인다.

— 『잘했어요 노트』, 나가야 겐이치, 위즈덤하우스

> 자기 긍정감을 높이는 것 자신의 가능성을 보고 잘되리라 생각하는 것이 목표를 달성하는 데 매우 중요하다는 생각이 든다. 작은 성공을 축적해서 스스로에게 믿음을 가져보자. 잘한 일에 집중하는 습관을 들여보자.

기록 습관으로 매일 업그레이드하라

기록은 내 삶의 주도권을
갖게 한다.

– 『거인의 노트』 김익한 –

명확한 꿈과 목표의 힘을 경험하라

나스닥 상장을 앞둔 한인 기업 최초 글로벌 외식 그룹 스노우폭스 그
룹의 김승호 회장, 그 성공의 시작은 명확한 꿈과 목표를 종이에 적는 것
이었다. 원하는 일이 있으면 그것을 100일 동안 100번씩 적었다. 쉬운 일
이 아니기에 그도 살면서 8번 정도 해봤다고 한다. 그리고 그 8번의 100
일 동안 적었던 8개의 꿈은 모두 이루어졌다.

"생각은 물리적 현상이기 때문에, 눈에 보이지 않는다. 그래서 종이에 명확한 꿈과 목표를 적으면 물리적인 것으로 바뀌어 눈에 보이기 때문에 그것을 끊임없이 생각하고 보면서 꿈을 이뤄냈다."

기록의 힘이 대단하다는 사실을 새삼 느낀다. 나 또한 미라클모닝 시간에 매일 적었던 시각화를 하나씩 이뤄낸 경험을 하며 기록의 힘을 몸소 체험했다. 기록하는 습관을 통해 인생을 매일매일 업그레이드한다면 우리의 인생이 어떻게 달라질까. 기록을 반복하고 지속하면서 우리는 내 안에 숨겨진 잠재력을 끌어낼 수 있다. 스스로가 몰랐던 재능을 발견하기도 하고, 많은 아이디어를 얻을 수도 있다.

라이프 위너의 삶을 업그레이드하는 기록 습관 3가지

첫 번째, 기록 습관을 통해 시간을 관리해보자.

시간은 귀중한 자원이다. 우리는 시간을 효율적으로 관리해야 한다. 하지만 우리는 시간을 효과적으로 활용하지 못해 생산성이 떨어지게 된다.

하루 24시간을 알차게 사용하기 위해서는 기록이 필수다. 매일 아침 플래너에 오늘의 일과를 쭉 기록해보자. 해야 할 일의 우선순위를 정해 시간을 알차게 사용해야 한다. 나는 새벽 4시 반부터 하루가 시작되는데 이 시간에는 중요한 일, 몰두해야 하는 일을 한다. 이 책의 탈고도 새벽 시간에 했다.

새벽 시간은 영적인 시간이라 생산적인 활동을 하게 되면 몰입도도 높아지고 새벽 시간이라 방해하는 사람도 없기에 낮보다 시간을 잘 활용할 수 있다. 졸리거나 집중력이 떨어지는 낮에는 덜 생산적이지만 필수적으로 해야 하는 업무를 넣어 효율적으로 시간을 사용하면 된다.

매일 해야 하는 일들을 기록해둔 후에 적당한 시간에 배분해본다. 자투리 시간을 활용해 책을 읽을 수 있고 오디오북을 듣고 명상의 시간을 가져볼 수 있다. 시간 관리를 통해 나의 일과 중 불필요한 활동이 무엇인지, 낭비되는 시간이 언제인지도 기록 습관을 통해 점검해볼 수 있다.

시간을 쪼개서 하루를 보내면 같은 24시간도 더 효율적으로 보낼 수 있다. 일의 효율성과 생산성이 향상되는 효과를 볼 수 있다. 당신의 하루를 기록해보고 점검하여 시간을 다스리는 자가 되어보자.

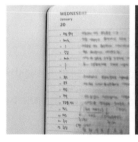 

** 〈플래너로 시간별 하루 계획 세우기〉 몰스킨 데일리 플래너에는 시간이 적혀 있어

편하게 일정을 적을 수 있다.

** 〈인스타그램 스토리 기능을 활용한 일정 공유〉

기록 습관을 통해 정해진 시간에 정해진 일을 하고 싶다면 많은 사람이 볼 수 있도록 인스타그램 스토리나 지인들에게 공유해보는 것도 좋은 방법이다. 나는 일정이 빡빡한 날은 일부러 인스타그램 스토리에 업로드한다. 빡빡한 스케줄이 지칠 법도 하지만 하나씩 시간에 맞춰 완수하는 뿌듯함이 있다. 사람들이 보고 있으니 더 열심히 하게 되는 것도 있다. 시간을 다스리면 내가 시간에 쫓기지 않아도 되기에 알차게 하루를 보낼 수 있다. 기록을 통해 시간에 따른 일정을 점검했다면 보완하기도 수월하기에 꼭 기록해보기를 바란다.

두 번째, 기록 습관을 통해 목표 달성을 하자

목표를 설정하고 그것을 이루기 위해서 노력하는 것은 목표 달성을 위한 핵심이다. 그러나 종종 우리는 목표를 설정하고 시작할 때는 의욕적이지만 시간이 지나면서 흥미를 잃기도 하고 방향성을 상실하기도 한다. 이때 기록 습관을 통해 목표 달성을 매번 기억한다면 우리는 더 나은 성과를 달성할 수 있다.

나는 인스타그램에 월 결산과 독서 결산을 한 달에 한 번씩 진행하고 있다. 월초에 세웠던 목표를 월말에 다 달성했는지 결과 보고를 하는 것인데 인스타 팔로워들에게 꽤 많은 동기 부여를 주고 있다.

월 결산을 통해 진척 상황을 기록함으로써 목표 달성 여부를 직관적으로 볼 수 있고, 목표에 대한 수정과 보완을 할 수 있다. 결산 기록을 대외적인 공간에 업로드하게 되면 계획을 지킬 확률이 높아진다. 미리 월초에 지난달의 결산 자료와 함께 이번 달의 목표 계획을 올리게 되는데 고정 피드로 만들어두고 계속 보면서 부족한 부분을 보완하고 하나씩 달성해나간다.

독서 결산은 한 달에 읽은 책을 북 캘린더를 통해 직관적으로 보여주고 감명 깊게 읽은 책을 몇 권 소개하는 식으로 업로드하고 있다. 매달 기록했기 때문에 '#해원칭_독서결산'이라는 해시태그를 따로 만들어 일목요연하게 볼 수 있다. 그동안 읽은 책이 너무 많고 중구난방으로 흩어져 있어 기록으로 정리해두면 찾기가 수월하다.

** 〈월 결산〉 매월 초 인스타그램에서 진행하는 월 결산이다.

지난달의 목표 달성 여부와 새로 시작하는 달의 목표를 세워 인스타그램에 매달 공유하고 있다.

** 〈독서 결산〉 지난달 읽은 책 목록을 북 캘린더로 공유하고 인상 깊게 읽은 책을 소개한다.

돈을 많이 벌고 싶다면 명확하게 언제까지 얼마를 벌고 싶은지 적어 보자. 습관화시켜 매일 적고 물리적인 것으로 만들어두면 실행력이 생긴다. 확고한 목표 의식을 가지고 능력을 최대한 발휘해 목표를 달성해보자. "내가 과연 할 수 있을까?", "이게 되는 거야 마는 거야." 하고 의심할 필요가 없다. 목표를 이루기 위해 자신을 계속 발전시켜나가면 나도 모르던 사이에 자질을 갖추게 된다. 기록 습관은 목표 달성을 위한 핵심 도구이다. 목표가 허황된 꿈이 되지 않도록 꾸준히 실천해 나가는 습관을 길러보자.

세 번째, 기록을 통해 마인드 셋 하자.

매일 아침 켈리 최 회장의 유튜브 채널에서 진행했던 〈동기 부여 모닝콜〉 100일 프로젝트를 진행한 적이 있다. 10분가량 되는 성공한 부자, 석학들의 동기 부여 영상을 보고 긍정 확언을 한글 다섯 번, 영어 다섯 번씩 100일간 적는 필사 프로젝트였다. 매일 새벽에 일어나 다른 참여자들과 라이브로 송출되는 영상을 보며 마인드셋을 해 나갔다. 아래는 동기 부여 모닝콜에서 적은 필사 내용 중 일부이다.

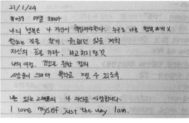

** 〈켈리 최 유튜브 동기 부여 모닝콜 영상〉(참고 : https://youtu.be/ccb1nRBTK9k)

** 〈동기 부여 모닝콜을 듣고 필사한 내용〉 동기 부여 모닝콜을 100일간 진행하며,

　 확언 문장을 한글과 영어로 다섯 번씩 적었다.

기록 습관을 통해 긍정적인 마인드를 쌓아보자. 마인드 셋은 우리의 태도와 생각과 방식을 형성하는 핵심적인 요소이다. 어떤 상황에서도 긍정적인 마인드를 갖는 것은 성공과 만족을 끌어낸다. 아침마다 나에게 긍정적인 말을 해준다면 인생이 어떻게 변할 것 같은가? 직접 경험해보기를 바란다. 유명한 석학의 동기 부여 영상은 유튜브에도 많고 책을 통해서도 접할 수 있다. 꾸준히 반복하면 뭐든지 해낼 수 있는 라이프 위너가 될 수 있으리라 확신한다. 기록은 마인드 셋을 개선할 수 있는 가장 강력한 도구이다.

기록 습관을 통해 체계적으로 시간을 관리하고, 목표 달성을 하고, 마인드 셋을 통해 긍정에너지를 차곡차곡 쌓아보자. 긍정적인 에너지를 가지고 시간을 관리한다면 분명 당신이 이루고자 하는 꿈과 목표에 가까워질 것이다. 기록은 우리의 성장에 도움을 주고 어려움을 극복하는 데 큰 힘이 된다. 기록 습관으로 삶을 매일매일 업그레이드하는 라이프 위너가 되자.

나를 라이프 위너로 만든 문장들

우리 인생의 중요하고 의미 있는 무엇인가를 찾는 일이야말로 우리에게 주어진 시간과 에너지를 가장 생산적으로 사용하는 길일 것이다.

– 『신경 끄기의 기술』, 마크 맨슨, 갤리온

"

나와 마주하며 내 인생에 의미 있는 것을 찾는 시간을 가져보자. 의미 있는 것을 찾아야지만 내 인생에서 가장 중요한 일에 신경을 쓸 수 있다. 결국 가장 중요한 것은 나와의 대화라는 생각을 했다.

"

기록이 내게 가져다준 승리들

무엇이든 기록해 주세요. 매일 기록하는 사람은 하루도 자신을 잊지 않습니다.
그건 곧, 하루도 자신을 잃어버리지 않는다는 말과 같아요.

— 『기록하기로 했습니다』 김신지 —

기록이 쌓이면 새로운 기회가 된다

기록은 여기저기 흩어져 있는 생각이나 메모들을 모아 체계적으로 한 눈에 볼 수 있도록 정리한 것을 말한다. 흩어진 생각들, 별것 아닌 메모 하나하나가 모여 나의 가치를 표현하고 나를 대변한다. 나에게 기록은 생각을 정리해주는 활동, 자신을 인식하게 해주는 활동, 앞으로 나아갈 수 있도록 도와주는 활동이다.

그날도 나는 어김없이 새벽에 일어나 모닝 루틴을 하나씩 실천하며 시각화하고 긍정 확언을 외치고 책을 읽었다. 퇴근 후 운동을 다녀왔고, '#오운완' 인증을 인스타그램에 업로드하고 인스타 팔로워와 이야기를 나누고 있었다.

메일이 한 통 와 있었다. 90만 회원이 활동하고 있는 '월급쟁이 재테크 연구 카페' 매니저로부터의 메일이었고, SNS 부수입 창출에 관련된 강사 활동에 대한 제안이었다. 나는 그동안 SNS를 통한 부수입 창출 과정 내용을 꾸준히 기록해왔다. 기록이 나에게 가져다준 새로운 기회였다.

라이프 위너의 기록, 크고 작은 승리가 되어 빛나다!

기록을 통해 크고 작은 승리와 기회를 마주했다.

첫 번째, 다이어트 플랫폼에 다이어트와 식단을 기록했을 뿐인데 다이어트 성공사례로 발탁이 되어 인터뷰를 진행하게 되었다. 인터뷰는 많은 하체 비만 상체 허약인 다이어터들의 큰 반응을 얻었고 누적 조회 수 15만 뷰 댓글 930여 개가 달렸다.

두 번째, 1,000일째 미라클모닝을 꾸준히 하며 매일매일 기록했다. 어느 날 〈조선비즈〉에서 미라클모닝을 주제로 한 공동인터뷰 요청이 들어왔다. 인생 첫 신문 인터뷰였다. 다음은 미라클모닝을 통해 이룬 기적 같은 시각화 달성 목록이다. 시각화 목록 하나하나를 간절히 원하면서 벌써 이룬 것처럼 상상했고, 꾸준하게 노력해 온 결과이다.

– 부수입 100만 원을 벌게 되었다.

– 2022년 빚을 청산한다.(2021년 12월 달성)

– 2022년 강사가 된다.(2022년 3월 달성)

– 2022년 6월 국토 종주 그랜드슬램을 달성한다.(2022년 6월 달성)

– 2022년 8월 유튜브 구독자가 3,000명이 된다.(2022년 7월 달성)

– 2022년 2월 인스타그램 팔로워가 1만 명이 된다.(2022년 2월 달성)

– 2023년 1월 현금 100%로 차를 산다.(2023년 1월 달성)

– 2023년 나는 책을 출간한다.(이 책이 2023년 7월에 출간 예정이다!)

"코로나 블루 극복하자"… 새벽에 공부·운동·명상 '미라클 모닝' 실천하는 사람들

이은영 기자

입력 2021.02.02 15:51 | 수정 2021.02.02 15:56

URL 가

대전 중구에 사는 직장인 최해원(33)씨는 매일 오전 5시 30분쯤 눈을 뜬다. 간단하게 세안을 하고 물을 마신 뒤 15분 간 스트레칭을 하고 명상으로 하루를 시작한다. 그런 다음 따뜻한 차를 마시며 그날 할 일을 다이어리에 정리한다. 8시 30분 출근까지 남은 시간을 이용해 최씨는 신문이나 책을 읽고 영어나 실무 공부를 한다.

최해원씨의 2월 2일 '미라클 모닝' 인증샷. 최씨는 이날 오전 5시 50분부터 8시까지 스트레칭과 명상, 독서, 영어 공부, 실무 공부 등을 했다.

1년 넘게 이어지고 있는 코로나 바이러스 감염증 사태로 인한 '코로나 블루(코로나 사태로 인한 우울감과 무기력감)'를 해소할 방안으로 최근 '미라클 모닝'이 주목받고 있다. 미라클 모닝은 동명의 베스트셀러 도서에서 따온 개념이다.

** 〈미라클모닝 인터뷰〉 2021년 2월 조선비즈에서 한 미라클모닝 인터뷰.

생애 첫 신문 인터뷰여서 떨리는 마음으로 했던 기억이 난다. 뭐든 꾸준히 하면 기회가 온다.

세 번째, 자전거 타는 것을 기록했더니 수익이 생기기 시작했다. 80만 회원이 활동 중인 자전거 커뮤니티 '자전거로 출퇴근하는 사람들'에 자전거 국토 종주 기록과 영상을 꾸준히 업로드했다. 국토 종주 코스와 주의 사항, 교통편, 경비 등을 기록했는데, 국토 종주를 계획하는 다른 회원이 도움이 많이 되었다고 댓글을 남겼다. 커뮤니티에서도 꾸준한 기록을 통해 친해진 회원이 있고, 실제로 만나서 같이 자전거도 타고 좋은 관계를 유지하고 있다. 게시글을 본 한 회원의 "유튜브 하시면 잘하시겠네요."라는 한마디에 자전거를 주제로 한 유튜브 채널을 시작하게 되었고 구독자 3,800명, 누적 조회 수 79만을 달성했고, 광고 수익을 받고 있다.

꾸준한 기록 덕분에 유명 자전거 브랜드의 광고 촬영을 하게 되었다. 일반인은 좀처럼 할 수 없는 신기하고 즐거운 경험이었다. 스태프 분들에게 누가 되지 않도록 준비했고 연습했다. 야외 촬영을 진행하고 스튜디오에서 녹음도 했다. 결과물로 나온 광고를 봤을 때는 무척 뿌듯했다.

**(윗줄부터, 오른쪽에서 왼쪽으로)

〈자전거 커뮤니티에 꾸준히 기록한 자전거 국토 종주 기록〉

많은 분의 응원 속에 국토 종주 그랜드슬램 달성.

자전거를 통해 많은 분과 알게 되고 에너지를 나누며 지내고 있다.

〈유튜브를 시작하고 업로드한 첫 번째 영상〉 2019년 6월에 첫 영상을 업로드했다.

부족한 점이 많았지만, 이 영상을 시작으로 꾸준히 유튜브 채널을 운영하게 되었다.

〈자전거 브랜드 광고 촬영〉 꾸준히 기록했더니 자전거 브랜드 광고 촬영을 하게 되었다.

매우 귀중한 경험이었다.

네 번째, SNS를 배워 나의 삶과 가치관을 꾸준히 기록했더니 인스타그램 1만 팔로워를 달성하였고 90만 회원의 '월급쟁이 재테크 연구 카페'에서 강의도 하게 되었다.

건강한 몸과 마음을 주제로 한 계정을 운영 중이다. 운동 기록과 함께 그날의 인사이트를 업로드하면 진솔한 댓글을 많이 받는다. 댓글 하나하나도 기록의 일종이다. 온라인상에서도 서로를 위하고 생각을 나누는 깊은 대화가 가능하다. 댓글로 생각을 나누면 내가 하지 못했던 생각의 전환을 할 수 있다. 실제로 가치관이 맞는 인스타 팔로워 & 구독자님을 직접 뵙고 이야기도 나누고 같이 운동도 한다. 기록하고 공유하면서 나를 알아가고 발전하는 삶을 살 수 있다.

** 〈인스타 소통 댓글〉

park_s_****님 : 확실히 아침이 오롯이 나에게 집중하기 정말 좋은 시간인 것 같아요! 해원님 글들은 저에게 있어 항상 긍정적이고 생산적인 생각을 일깨워주는 것 같아서 너무 좋습니다.

best_****님 : 해원님의 선한 영향력에 기운 내는 사람들이 많을 것 같네요!! 앞으로도 그런 좋은 기운 많이 나눠주시고 힘드실 때 얘기하세요. 제가 기운 내시라 한번 뛰어 드릴게요.

h_yeon***님 : 와 진짜 너무너무 본받아야 할 사람으로 지정합니다. 탕탕탕!

yujeo****님 : 해원칭님 항상 동기 부여가 돼요! 감사합니다!

ho■■ ■■■

광양매화축제할때 자동차로 몇번 갔을때도 너무 좋다라고 생각한 섬진강인데.... 자전거종주는
비교가 안될정도로 좋네요 1박2일 영상을 20분남짓 편집하셨는데도 전구간을 다본듯한 설명과
영상편집 최고입니다 너무 잘보고 갑니다

고■■■ ■ ■

드디어 영상 올리셨군요.

해원칭님 영상은 배경음악이 너무 소란스럽지 않아 좋습니다. 알려야 할 내용은 조곤조곤 하면서
정확하게 전하는거 같습니다. 다른 분들은 배경음악이 너무소란 스러워서...

보■ ■■■

저는 제주 환상 종주코스만 2번 간 유부녀 자덕입니다. 1100고지가 제 버킷리스트인데
남산북악을타며 시간이 허락할 날을 기다리며 엔진을 키웁니다. 너무 잘타시는 분들보다 해원칭
님의 영상이 마음에 와닿네요 ^^
영상 나레이션도 참 편하고 잘보고있습니다.

Mani■ ■ ■■ ■■■■■

또봐도 멋져요. 혼자서... ☺
벌써 몇번을 봤는지 몰라요. 최고!

** 〈유튜브 구독자 댓글〉

다섯 번째, 나의 힘들었던 20대의 삶, 무언가를 하나씩 이뤄나가고 있
는 라이프 위너의 삶을 회고하고 기록하고 여러 경로를 통해 사람들과
나눴더니 책을 출간하게 되었다.

13년 전 적은 버킷리스트에 책 출간이 있었는데, 뭐든지 적당한 시기에
꿈이 이뤄진다는 생각이 든다. 더욱더 자질과 역량을 쌓아 더 많은 동기
부여와 인사이트를 나눌 수 있는 사람이 되어 이번 책뿐 아니라 여러 분
야의 책을 출간하고 싶다.

기록을 통해 새로운 기회를 잡아라

나를 알리는 방법으로 기록만큼 확실한 것이 없다. 자신이 잘하는 분야가 있다면, 누군가에게 알려줄 수 있는 정보를 가지고 있다면, 꾸준히 해오고 있는 활동이 있다면, 무조건 기록해라. 기록은 집중하는 힘을 길러주고, 무엇이 핵심인지를 파악하는 능력이 생긴다. 중구난방인 이야기도 일목요연하게 만드는 노하우가 생긴다. 누군가와의 대화, 공부한 내용, 매일의 생각을 기록하면 그것이 융화되어 당신의 새로운 지식이 된다. 많은 사람이 블로그를 하고 브런치에 글을 쓰는 이유가 여기에 있다. 기록을 통해 타인과의 대화를 나눌 수 있다. 당신은 무엇을 기록할 것인가?

단순히 기록했을 뿐인데 생각지도 못한 곳에서 기회가 찾아온다. 기록은 돈이 들지 않는다. 약간의 수고와 시간만 투자하면 된다. 그렇다면 당신도 한번 해볼 만하지 않겠는가?

단언컨대 나는 또 기록을 통해 새로운 기회를 잡을 것이다. 기록하는 자. 기회를 얻을 것이다!

TIP 기록하는 노하우

1. 유용한 기록 방법

- 플래너 : 일과, 업무 관리

- 에버노트, 노션 : 독서 기록, 강의 기록, 생각 정리

- 카카오톡 나와의 채팅 : 급한 기록, 아이디어

- 녹음하기 : 급한 기록, 아이디어

- 사진 기록 : 여행, 일상 속 영감

- SNS 기록 : 소통의 장

2. 기록하는 노하우

- 수시로 생각날 때마다 메모한다.

- 가장 간편한 방법을 사용한다.

- 알아볼 수 있도록 기록한다.

라이프 위너가 말한다! Life winner says…

"나 스스로 떳떳해야 성공이다."

세상에서 말하는 엄청난 부를 이룬 것도 성공이겠지만 내면에 풍요로움이 있어
야 한다. 내적 외적 풍요로움이 다 갖춰진 것이 진정한 성공이라 생각한다. 나 스
스로가 떳떳해야 한다. 이룬 부를 움켜쥐고 사는 것이 아니라 베풀며 사는 삶이
성공이라 생각한다.

LIFE
WINNER

PART 5.

수시로 극한에
도전하라

완벽주의에서 벗어나라

완벽하려고 걱정하지 말아라.
어차피 너는 그것을 달성하지 못한다.

– 살바도르 달리 –

완벽을 추구하면 반드시 지친다

미국의 사상가 겸 시인인 랄프 왈도 에머슨은 "너무 사소한 것에 연연하거나 완벽주의에 매달리지 말 것. 모든 삶은 실험이다."라고 이야기했다. 우리는 너무 사소한 것에 목숨을 걸거나 집착하고, 무슨 일이든 완벽하게 하려 할 때가 있다. 아무리 자를 대고 반듯하게 선을 그려도 자세히 확대해서 보면 울퉁불퉁하다. 세상에 완벽한 것은 없다.

완벽을 추구하다 보면 반드시 지치게 되어 있다. 한때 나는 극도의 완벽주의자였다. 노트 필기를 하다가 중간에 글씨를 틀리면 노트 한 장을 찢어버리고 다시 필기를 했다. 지금 생각해보면 어찌나 미련했는지. 완벽주의에 사로잡혀 살았다. 완벽하게 할 것 같지 않으면 행동하지 않았다.

사회에 나와서 처절하게 깨달았다. 인생은 완벽할 수 없다는 것을. 내가 원하는 계획대로 일이 하나도 되지 않는다는 것을. 완벽하게 살면 나만 피곤하다는 것을….

스무 살에 취업하면 돈도 차곡차곡 모이고 건강한 커리어 우먼이 될 것으로 생각했지만 오산이었다. 밑 빠진 독에 물 붓는 것처럼 돈은 잘 모이지 않았고 어딘가로 새 나갔다. 건강하기는커녕 건강을 계속 잃어 갔다. 자존감도 무너지고 매일 신세 한탄이나 하는 루저 우먼이 되어 있었다.

완벽에의 집착보다는 유연함을 가져라

계획적인 성향인 나는 계획이 틀어지는 것에 크게 스트레스를 받는다. 주어진 기간 안에 어떤 일을 내가 하지 못하면 자책하고 다른 사람 때문에 못 하게 되면 그 사람을 원망했다. 이렇게 피곤하게 살다 보니 스트레스를 사서 받았다.

완벽하게 처음부터 다 준비하는 사람이 몇이나 될까. 우리는 사람이다. 로봇도 아니고, 하물며 로봇도 오류를 내는데 인간이라고 오죽할까 싶다. 완벽주의에서 벗어나 틀을 잡고 차근차근 보완해나가다 보면 어느새 멋진 결과를 내는 나의 모습을 확인할 수 있을 것이다. 유연함을 가져라. 특히 계획에 집착하는 사람들은 계획이 틀어지는 것도 계획해두면 도움이 된다. 돌발 상황을 유연하게 대처하는 방법을 터득하면, 하고자 하는 일을 보다 조금 더 빨리 실행에 옮길 수 있다.

나 또한 완벽주의를 내려놓으려는 노력을 부단히 했다. '월급쟁이 재테 크 연구 카페'에서 강의 제안이 들어왔을 때, 준비가 완벽히 되어 있지 않았지만, 하겠다고 했다. 완벽주의를 내려놓고 실행에 옮긴 것이다. 강의 준비는 차근차근하면 된다. 수강생이 불만을 느끼면 자료를 보완하거나 추가 강의를 하면 된다. 피드백을 통해 다음 강의 때 더 알차게 강의를 준비하면 된다. 그러면서 성장하는 것이고 완벽에 가까워지는 것이다.

마크 트웨인은 말했다.

"20년 후 당신은 했던 일보다 하지 않은 일로 인해 더 실망할 것이다."

당신은 20년 후에 하지 않은 일에 대해 실망할 것인가? 아니면 지금 당장 완벽주의를 버리고 시작해볼 것인가? 행동에 옮기지 않으면 아무 것도 달라지지 않는다는 것을 명심하자. 로또도 사야 당첨이 된다. 우리 는 완벽에 가까워지는 것이지 100% 완벽할 수는 없다. 50~60%만 완성 되어 있다면 일단 시작하라. 최선을 다하고 피드백을 수용하고 꾸준히 보완하라.

완벽주의를 내려놨다면 이제 실행할 차례이다. 오늘의 나를 뛰어넘는 극한에 도전해보자.

나를 라이프 위너로 만든 문장들

당신을 둘러싼 인생의 여건이 아무리 힘들고 어렵고 버거워도, 결론을 가장

크게 좌우하는 것은 그 환경을 이해하고 대처하는 당신의 태도다.

― 『시작의 기술』, 개리 비숍, 웅진지식하우스

　결국 모든 문제의 해답은 내 안에 있다. 문제가 발생한 환경을 파악

하고 내 안에서 해답을 찾게 된다면 인생의 보편적인 문제는 스스로 해

결할 수 있을 것이다. 나의 인생의 여건은 내가 만들어가기 나름이다.

극한 도전 1.
바디프로필 - 신체를 한계까지 다듬다

나를 배부르게 하는 것들이
나를 파괴한다.

– 안젤리나 졸리 –

라이프 위너의 바디프로필은 어떻게 시작되었을까?

만약 당신이 식단 관리와 운동을 열심히 해왔다면 살은 당연히 빠졌을 것이다. 처지던 살이 탄탄해지고 멋진 몸매가 되었을 것이다. 매일 아침 거울을 보는 일이 즐거워졌을 것이다.

식습관을 건강하게 잘해왔다면 부기가 빠졌을 것이며, 좋은 음식을 먹어주니 피부색도 밝아졌을 것이고, 몸이 가벼워졌을 것이다. 운동과 식습관을 통한 변화는 해본 사람만이 안다. 다시 예전으로 돌아가고 싶지 않은 그 마음. 스스로가 노력하여 신체를 다듬은 모든 내용을 기록해두자.

하루하루의 인생이 즐겁고 알차게 변했을 것이다. "살을 뺀다."라는 큰 목표를 이뤄나가는 중이니 새로운 목표를 세워보는 것도 동기 부여에 도움이 될 것이다. 원하던 다이어트 목표를 달성해서 새로운 목표가 필요하다면? '바디프로필이나 찍어볼까?' 하고 생각했을 수도 있다.

바디프로필을 준비하며 신체를 한계까지 다듬어보자. 나의 가장 멋진 젊고 아름다운 모습을 기록해보자. 보통 100일 정도 계획하고 준비하면 된다. 준비해야 할 보편적인 것들은 아래와 같다.

1. 운동과 식단
2. 컨셉 정하기 & 의상 & 포징 연습
3. 바디프로필 스튜디오 예약
4. 태닝과 왁싱
5. 건강, 멘탈 관리

운동은 어떻게 해야 할까? - 내게 맞는 계획과 방식으로 꾸준히!

주 몇 회 운동할 것인지 헬스를 한다면 몇 분할로 할 것인지, 하루에 얼마나 운동에 시간을 투자할 수 있을지 계획해본다. PT를 받는다면 트레이너의 도움을 받아 편하게 준비할 수 있다. 나는 4분할로 주 7회 운동을 쉼 없이 했다. 복근운동은 매일 했다. 복근은 식단이 많은 부분을 차지한다. 열심히 복근운동을 해나도 많이 먹으면 배가 뽈록 나온다.

매일매일의 운동을 기록해보자. 기록은 나의 자산이 되고 나를 돌아볼 수 있는 매개체가 된다. 기록하는 방법은 본인이 편한 것으로 선택하자. 운동 노트도 좋고 앱도 좋다.

하루에 얼마나 몇 시간 운동했는지 꾸준히 기록해보고 체성분 검사도 하고 눈바디도 주기적으로 찍어서 몸의 변화를 수치로도 확인하고 눈으로도 확인하자. 보완할 것들이 보일 것이다. 정체기인 것 같다면 운동의 양을 늘리거나 유, 무산소 운동의 비율을 조정해보는 것도 방법이다.

다음은 내가 진행했던 운동 방식이다. 여러분의 방식에 맞는 운동 분할과 세트를 구성하면 된다. 운동 루틴은 4분할로 진행했다.

1) 등, 이두, 복근 + 유산소
2) 어깨, 삼두, 복근 + 유산소
3) 가슴, 이두, 복근 + 유산소
4) 하체, 삼두, 복근 + 유산소

등 운동 루틴	어깨 운동 루틴	가슴 운동 루틴	하체 운동 루틴
어시스트 풀업 랫풀다운 시티드 로우 데드리프트 원암 덤벨 로우 티바 로우	사이드 레터럴 레이즈 숄더 프레스 비하인드 페이스 풀 업라이트 로우	덤벨 체스트프레스 덤벨 체스트플라이 풀오버 팔굽혀펴기 체스트프레스 펙덱플라이	레그 익스텐션 브이 스쿼트 레그 프레스 레그 컬 힙 쓰러스트 런지
이두 운동 루틴	삼두 운동 루틴	복근 운동	유산소 운동
케이블 스트레이트바 컬 케이블 로프 해머 컬 원암 덤벨 컬 원암 덤벨 해머 컬	케이블 로프 푸쉬다운 케이블 스트레이트바 푸쉬다운	정교관 복근 중상급 쏘미핏 2주 복근 클로이팅 복근 복근 타바타 내 맘대로 (크런치-레그 레이즈- 플랭크 40초씩 n세트)	센터 러닝머신 센터 마이마운틴 센터 실내 자전거 실외 라이딩 실외 걷기

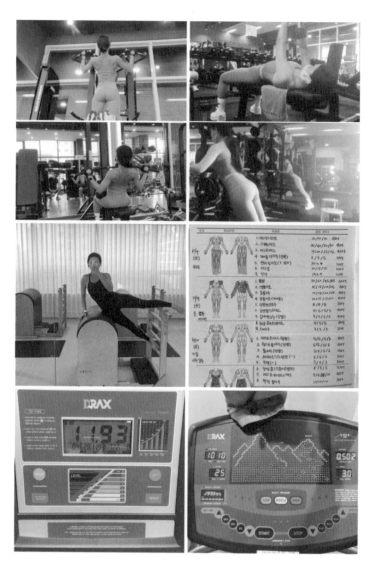

** (윗줄부터, 오른쪽에서 왼쪽으로) 〈등 운동 기록〉, 〈가슴 운동 기록〉, 〈필라테스 코어운동〉,

〈운동 노트에 기록〉, 〈실내 자전거〉, 〈러닝머신〉 바디프로필을 준비하는 기간에는

직관적이고 구체적으로 운동 기록을 적어나갔다.

식단은 어떻게 해야 할까? - 무조건 제한하지 말고 다채롭고 맛있게!

바디프로필 준비 기간 동안 무엇을 먹을 것인지 정해본다. 한 가지를 100일간 먹으면 질리기 때문에 여러 가지를 돌아가며 먹는 것이 좋다. 나는 초반에는 건강하게 탄수화물, 지방, 단백질의 비율을 맞춰 맛있게 먹고 (요새는 식품들이 정말 잘 나온다) 마지막 2~3주 전에는 닭.고.야 (닭가슴살, 고구마, 야채)를 먹었다. 식단을 할 때는 한 가지 음식만 고집하는 것보다는 고구마를 단호박으로 바꾸거나 오트밀, 바나나를 먹는 등 주기적으로 바꿔가며 먹는 것이 질리지 않는다.

개인적으로 무탄(탄수화물을 섭취하지 않는 것)은 추천하지 않는다. 바디프로필도 건강한 몸을 기록하자고 찍는 것인데, 극단적인 식단으로 건강을 잃는 건 근본에서 벗어나는 것으로 생각하기 때문이다. 우리 몸은 탄수화물이 분명히 필요하다. 탄수화물이 부족할 경우 탈모나 생리불순 등 여러 부작용이 발생할 수 있으니 나의 몸의 변화를 관찰하며 식단을 진행하면 좋겠다.

100일의 준비 기간 중 분명히 회식이나 모임 등이 있을 것이다. 최대한 모임 자리를 피하지만 쉽지 않은 자리에서는 적은 양을 눈치껏 먹고 애플 사이다 비니거(사과식초)로 소화를 촉진하거나 회식 다음 날 16:8 간헐적 단식을 통해 속을 비우는 방법, 유산소의 양을 늘려보는 방법이 있겠다.

4일 남겨두고 극단적 식단을 했었는데 사람이 극도로 예민해지는 방법은 역시 탄수화물을 줄이는 것이다. 인간의 3대 욕구 중 식욕이 정말 내 인생의 큰 부분을 차지한다고 생각하면서 극한의 한계를 경험해보았다.

** 〈식단 사진〉 건강하게 맛있게 먹기 위해 노력했다. 바디프로필 일주일 앞두고서는 양을 줄였다.

식단과 운동은 바디프로필 촬영 당일까지 계속해야 한다. 지치지 않도록 중간에 휴식도 취해주고 적당히 몸의 변화를 봐가면서 탄수화물도 먹어주면 볼륨감 향상에 도움이 될 것이다.

어떻게 찍어야 가장 잘 나올까? - 콘셉트와 의상 정하기&포징 연습

다음으로 가장 중요한 콘셉트! 생각보다 콘셉트와 의상을 선택하는 데 오랜 시간이 걸린다. 바디프로필 스튜디오 홈페이지나 인스타그램에 올라오는 바디프로필 사진을 보며 어떤 콘셉트로 찍으면 좋을지 계획해본다. 의상은 해외에서 구매해야 하거나 재고가 없는 경우도 간혹 있으니 미리미리 구매해두는 것이 좋고, 정작 이뻐서 주문했는데 나와 안 어울릴 수도 있으니 배송이 오면 한번 입어보고 판단하면 된다.

귀여운 콘셉트부터 섹시한 콘셉트, 도도한 콘셉트 등 다양한 콘셉트가 있다. 콘셉트를 정하다 보면 나와 마주할 수 있게 된다. 나는 평소에 어떤 이미지였는지? 그 이미지대로 콘셉트를 정할 건지 아니면 반대로 할 건지. 평소에 발랄하고 애교 많은 성격이라면 깜찍한 콘셉트로 갈 것인지 반대로 우아하고 고혹한 느낌으로 콘셉트를 정해볼 수 있겠다. 처음 바디프로필을 찍는다면 나의 이미지가 드러날 수 있는 콘셉트가 좋겠다. 어차피 운동하고 식단을 계속한다면 또 찍게 되어 있다. 처음 뭣 모르고 찍은 바디프로필은 요가 강사를 따라서 찍었는데 이때는 포징이고 뭐고 아무것도 몰랐을 때였다. 두 번째 바디프로필은 정말 작정하고 준비한 정석적인 바디프로필이었는데 나는 이때 두 가지 콘셉트로 촬영했다.

포징은 스튜디오 작가님이 봐주시기는 하지만 스스로 연습하고 가는 것과 준비 없이 가는 것은 큰 차이가 있다. 미리 집에서 의상을 입고 포징 연습을 해가는 것을 추천한다. 그래야 더 예쁜 사진, 멋진 사진을 많이 찍을 수 있고 선택의 폭이 넓어진다. 의상을 고를 때 포즈도 함께 연구해보면 좋겠다.

** 〈바디프로필 촬영기록〉 지금까지 7번 바디프로필을 찍었다. 나의 젊은 날 건강한 기록을 남겨보자.

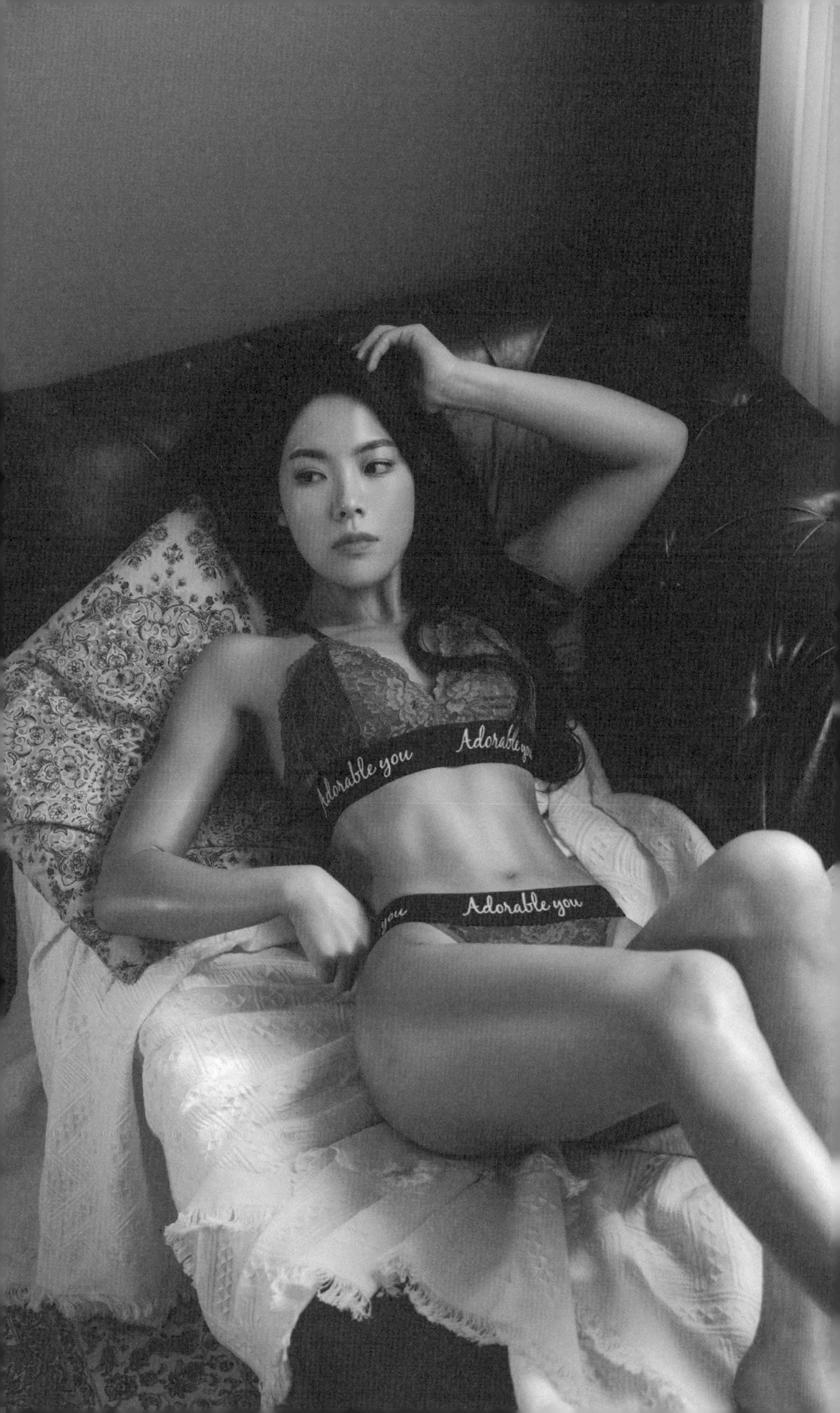

어디에서 찍을까? - 바디프로필 스튜디오 예약

콘셉트를 정했다면 콘셉트와 맞는 스튜디오를 예약하자. 바디프로필 촬영 전문 인기 스튜디오의 경우 예약 마감이 된 경우가 많다. 많은 바디프로필 스튜디오가 있기에 가격과 위치 등을 확인해보고 예약해두자. 헤어, 메이크업이나 태닝, 왁싱은 문의하면 연계되어 있는 업체를 소개해주기도 한다.

태닝과 왁싱은 해야 할까?

태닝을 통해 구릿빛 피부로 변신하면 데피니션(근육의 선명도)이 도드라져 보이면서 건강미가 돋보인다. 필수는 아니지만 경험해보는 것도 좋다. 촬영 2~3개월 전 태닝샵에서 미리 상담받고 바디프로필 촬영일을 알려주고 피부 상태를 확인하여 태닝 일정을 잡으면 된다. 운동에, 식단에, 태닝까지 하려면 굉장한 에너지가 소모되지만, 결과물은 좋다.

왁싱은 의상의 콘셉트에 따라 진행 여부를 결정한다. 왁싱이 되어 있으면 사진 보정이 더 매끄럽게 될 수 있다. 태닝과 왁싱은 같은 날 진행하면 피부에 무리가 갈 수 있으니 피부가 충분히 안정된 후에 진행해야 한다.

** 〈태닝 기록〉

24년 경력을 가진 전문 태닝샵에서 꾸준히 3년간 태닝을 하고 있으며
피부가 촉촉해지고 건강미 넘치게 변했다.

바디프로필 찍을 때 꼭 지킬 것, 건강, 컨디션, 멘탈!

이제 가장 중요한 이야기를 하려고 한다. 바디프로필을 준비할 때는
건강, 컨디션, 멘탈 3가지를 잘 관리해야 한다.

첫째 건강. 바디프로필을 찍는 이유는 나의 건강함을 기록으로 담아두
기 위함인데, 극단적인 다이어트를 하게 되면 건강에 문제가 생길 수 있
다. 주객이 전도되면 안 된다. 몸의 반응을 무시하지 말고 피곤할 때는
쉬어줘야 한다.

둘째, 컨디션. 먹는 양이 적어지면 운동 능률도 떨어진다. 저중량 고반
복으로 부상을 조심하며 운동하면 되고, 컨디션이 저하되는 날은 그냥
쉬면 된다. 하루 쉰다고 어떻게 안 된다. 바디프로필 준비 중 두 번 정도
컨디션 저하가 왔다. 식단을 중단하고 죽을 먹었고, 다른 하루는 급체했

었는데 이날도 약을 먹고 쉼을 가졌다. 컨디션이 좋지 않은 날에는 무리해서 운동 식단 해 봤자 득이 될 것이 없다. 깔끔하게 쉬어주자.

셋째, 멘탈은 바디프로필 준비의 전부라고 생각한다. 식단과 운동을 하며 멘탈이 흔들리면 견디기 힘들다. 내가 무슨 부귀영화를 누리자고 이 짓을 하고 있는가? 다 포기하고 싶어진다. 내가 다니는 헬스장은 주변이 먹자골목이라 저녁이 되면 술집 고깃집 치킨집에서 냄새가 스멀스멀 올라온다. 하루는 등 운동을 하고 있었는데, 전집에서 전 굽는 기름 냄새가 올라왔다. 그때 현타(현실 자각 타임)가 제대로 왔었다. '다 때려치우고 먹으러 갈까? 세상에는 맛있는 음식이 왜 이렇게 많은 거야. 아, 삼겹살 먹고 싶다.'

바디프로필 준비를 통해 '인생은 멘탈이다.'라는 것을 한 번 더 느끼게 된다. 목표를 잊지 않고 매일매일 상기시키는 것. 멘탈을 놓지 않고 목표만을 보고 독하게 나아가야 한다.

드디어 바디프로필 당일!

컨디션 관리 잘해서 멋진 나를 기록하고 오면 된다! 멋지게 헤어 & 메이크업을 하고, 바디프로필 스튜디오에 도착하여 촬영을 준비하면 된다.

당신은 100일 동안 잘 해냈다. 이 성취감을 토대로 앞으로도 멋진 일들을 다 해낼 수 있으리라 믿어 의심치 않는다. 무엇이 가장 먼저 먹고 싶은가? 이제 맛있는 것을 먹자!

극한 도전 2.
자전거 국토 종주 - 633km 한계를 경험하라

너의 한계성에 도전해 싸우라.
그러면 분명히 그것들은 네 능력 안에 들어올 것이다.

– 리차드 바크 –

버킷리스트는 달성하라고 있는 것이다!

많은 사람들의 버킷리스트에 들어 있는 자전거 국토 종주! 행정안전부에서 관할하고 있는 자전거 국토 종주는 12개 구간 약 1,853km의 코스이다. 대부분의 코스가 강을 따라 달리게 되어 있다. 구간마다 스탬프를 찍을 수 있는 빨간 부스로 된 인증센터가 있는데, 스탬프를 찍는 재미가 있다. 12개 구간을 모두 완주하면 국토 종주 그랜드슬램을 달성할 수 있다. 자전거 동호인 사이에서도 그랜드슬램은 쉬운 일이 아니다. 나는 23,145

번째 그랜드슬램 인증자이다.

나는 2022년 6월 자전거 국토 종주 그랜드슬램을 달성했다. 12개 구간 중 동해안 구간을 제외하고는 모두 혼자서 완주했다.

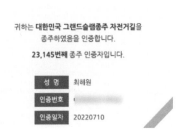

** 〈국토 종주 그랜드슬램 인증〉 대한민국 그랜드슬램 종주 자전거길 인증이다.

　나는 23,145번째 인증자이다.

　2019년 자전거를 바꾸고 국토 종주를 본격적으로 시작했다. 자전거를 타고 자주 갔던 대청댐이 국토 종주 금강 자전거길 코스에 해당하는 것을 우연히 알게 되어 금강 자전거길을 달리며 국토 종주 인증 수첩을 구매하고 국토 종주 도장 깨기를 시작했다.

　자전거를 타며 보이는 풍경, 자연이 주는 위대한 힘을 느껴본다. 자동차 드라이브와는 다른 느릿한 풍경이 펼쳐진다. 그 힘을 받아 늘 나는 에너지가 충전되었고 자전거를 타며 나와 마주하는 시간을 많이 보냄으로써 나를 더 알게 되고 기록하는 시간이 늘어났다. 자전거를 탄 기록을 유튜브 〈해원칭〉 채널에 업로드하고 있고 지금은 3,800명의 구독자를 보유한 채널로 성장하고 있다.

국토 종주 준비 가이드

국토 종주를 준비한다면 어떤 것들을 미리 확인해야 하는지 하나씩 살펴보기로 하자.

1. 자전거 : 무조건 좋은 자전거일 필요는 없다. 나는 낙동강 자전거길에서 무게가 20kg가량 되어 보이는 철제 자전거에 캠핑용품을 싣고 이화령고개(충북 괴산과 경북 문경에 있는 고개, 거리 4.31km 평균경사도 6.2%)와 박진고개(경남 의령군에 있는 고개, 거리 1.37km에 평균 경사도가 9.8%)를 넘은 캠핑 라이더 두 분을 만난 적도 있다.

2. 나의 체력 확인 : 내가 하루에 몇 km을 달릴 수 있는지, 나의 체력을 미리 확인하자. 633km는 쉬운 거리가 아니다. 하루 100km를 탈 수 있어도 종주 코스가 한강 자전거길처럼 비단길도 아니고 몇 개나 되는 고개를 넘어가야 해서 피로가 누적되면 여기저기 쑤시고 안장통(자전거 안장에 오래 앉아서 발생하는 엉덩이 주변 통증)이 생길 수도 있다. 날씨가 더우면 더 지칠 수밖에 없다. 633km는 시간도 오래 걸린다. 하루 100km씩 달리면 6일을, 하루 200km씩 달리면 최소 3일은 있어야 하고, 사는 지역에 따라 이동시간도 생각해야 하기에 하루 정도 더 넉넉하게 계획을 짜야 한다. 한 번에 633km를 탈 체력도 없고 시간도 허락하지 않는다면 구간 구간 끊어서 진행하는 것을 추천한다.

〈국토 종주 인천 아라서해갑문~부산 낙동강하굿둑 633km〉

1회차 : 인천 아라서해갑문~팔당대교 77km

2회차 : 팔당대교~충주 탄금대 132km

3회차 : 충주 탄금대~상주 상풍교 100km

4회차 : 상주 상풍교~칠곡보 82km

5회차 : 칠곡보~부산 낙동강하굿둑 242km

3. 짐 싸기 : 몇 박 일정으로 갈 것인가에 따라 짐의 양이 달라진다. 아래의 목록을 참고하여 싸되 개인의 성향에 맞게 추가, 제외하면 되겠다. 나는 매번 짐을 쌀 때마다 이 리스트를 보고 누락 된 것이 없는지 확인하고 출발한다.

〈국토 종주 준비물〉

– 자전거 관련 : 헬멧, 고글, 이어폰, 버프, 저지, 빕타이즈(패드 바지), 바람막이, 무릎보호대, 양말, 클릿슈즈(운동화), 예비 타이어 튜브, CO2(펌프), 펑크 패치 도구, 장갑, 새들 백, 물통, 전조등, 후미등, 보조 배터리, USB 케이블, 잠금장치, 종주 수첩, 응급 용품(밴드 등), 보급품(에너지 젤, 단백질 바 등)

– 옷 : 상의, 하의, 속옷 (필요에 따라 실내화)

– 세면용품 : 기초용품, 선크림, 칫솔, 치약, 지퍼백

– 기타 : 신분증

– 종주 수첩 구매 방법 : 인증 수첩은 자전거길에 있는 인증센터에서 구매할 수 있는데 사전에 연락해보고 방문하는 것이 좋다. (운영 시간이

계절에 따라 바뀔 수 있고, 재고 여부를 미리 확인하여 헛걸음하지 않도록 한다.)

　- 가방은 핸들 바와 안장에 매달 수 있는 자전거 전용 핸들 바 백과 새들 백을 판매하고 있다. 백 팩은 장시간 자전거를 타게 되면 땀이 차고 목과 어깨에 부담을 주기 때문에 권하지 않는다.

　- 비용 : 숙박, 식사, 간식, 교통비를 계산해본다. 허허벌판에 자판기 하나만 있는 곳이 많아 현금을 가지고 가야 한다.

** 〈국토 종주 짐 싸기〉 국토 종주 준비물을 참고하여 짐을 싸면 된다.

　많이 가져가면 무거워서 힘들다. 최소화하는 것이 좋다.

　4. 언제 갈 것인가? : 날씨가 좋아야 한다. 비가 오거나 날씨가 더우면 힘들다. 3~4월이나 9~10월이 가장 좋다. 이때 가면 옷이 얇아서 짐의 부피도 줄어든다.

5. 어떻게 갈 것인가? : 사는 곳과 가까운 곳에서 시작할 건지 먼 곳에서 돌아올 것인지 정해보자. 바람의 방향을 파악하여 역풍보다는 순풍이 부는 방향으로 정하면 수월할 것이다. 사는 곳이 가깝지도 멀지도 않다면? 버스 시간표를 보고 시간이 맞는 곳으로 계획해본다. (자전거는 시외버스의 짐칸에 실으면 되는데 출발 10분 전에 미리 도착해 준비한다.)

6. 누구랑 갈 것인가? : 나는 국토 종주 동해안 구간을 제외하고는 모두 혼자 완주했다. 같이 가면 여러 상황에 대비할 수 있고 심심하지 않겠지만 국토 종주를 하며 혼자만의 시간을 갖고 싶다면 혼자 가는 것도 좋다. 실제로 혼자 종주하는 분들이 많으며 자전거길 위에서 많은 사람을 만나고 친해지게 된다.

낙동강 자전거길에서 만난 자전거 유튜버 〈백선생 자전거 여행〉의 백선생님과 루베형님을 만나 그 이후에 동해안 자전거길 경북 구간 종주를 함께 했다. 창녕군 남지읍의 한 공원에서 쉬고 있을 때 남지읍에 사는 라이더 여사님이 오미자차도 주시고 고구마도 주셔서 맛있게 먹으며 이야기를 나눴고, 삼랑진 국숫집에서 만난 마포에서 오신 라이더 선생님과도 부산까지 방향이 같아 이야기도 나누고 커피도 마시고 인증센터에서 사진도 찍었다.

7. 위기 상황에 대처하는 법 배우기 : 기본적인 자전거 정비는 배워가는 것이 좋다. 타이어 펑크 처리 방법을 숙지하고 예비 튜브는 꼭 가지고 가야 한다. 나는 북한강 자전거길에서 가는 도중 변속기가 고장 나는 바람에 시간을 지체한 경험이 있다. 다행히 가평 시내의 자전거 수리점에

서 바로 정비받았지만, 국토 종주 길은 대부분 허허벌판이어서 간단한 정비 방법을 숙지하여 대비해야 하고, 근처의 자전거 수리점 정보를 알아두는 것이 좋다.

8. 숙소 : 국토 종주길 근처에 많은 숙소가 있고 자전거 라이더 손님에게 상당히 호의적이다. 검색 포털에서 제공하는 지도 앱에서 찾으면 되고 자전거 종주자를 위한 자전거 민박, 게스트하우스도 있다. 아침, 저녁 식사를 제공하는 곳이 많아 피로에 지친 종주자들이 많이 찾는다.

낙동강 자전거길 종주 때 상주에 있는 자전거 전용 게스트하우스에서 묵었던 적이 있다. 뜨거운 낮에 이화령고개를 오르고 점심 먹은 게 체했는지 컨디션이 좋지 않았다. 게스트하우스 사장님이 매실액도 주시고 손도 따 주시고, 등도 두들겨 주셔서 다음날 무사히 컨디션을 회복했고 목적지인 안동댐 인증센터까지 달릴 수 있었다.

9. 보급 : 허허벌판인 곳에는 보급(라이딩 중간에 식사, 마실 것 등으로 체력을 보충하는 것)을 할만한 곳이 마땅치 않다. 공복에 자전거를 긴 시간 타면 '봉크'가 오는데 무기질 부족과 저혈당으로 인해 어지러움, 힘없음 등의 증상이 생긴다. 미리 사전에 보급을 충분히 하여 봉크를 사전에 방지해야 한다.

10. 아직은 종주가 부담스럽다면? 근처 가까운 자전거길부터 달리며 체력을 키워보자. 국토 종주는 건강한 체력이 있다면 언제든 할 수 있다.

**〈종주 수첩 그랜드슬램 스티커〉

그랜드슬램을 달성하고 유인 인증센터에 방문하면 스티커를 붙여준다.

**〈그랜드슬램 인증서〉 유인 인증센터에서 그랜드슬램을 달성하면 담당자가 전산에 입력한다.

며칠 후, 전산에 저장된 주소로 인증서가 우편 발송된다. 메달은 유료로 구매해야 한다.

인증서는 국토 종주, 4대강, 그랜드슬램을 달성하면 받을 수 있다.

**〈스탬프와 스티커〉 각 구간의 인증센터에 설치된 스탬프를 종주 수첩에 찍으며 인증을 한다.

인증을 다 한 구간은 유인 인증센터에서 스티커를 붙여주고 인증 전산 처리를 해준다.

** 〈국토 종주 자전거길 코스 소개〉

　1-1. 아라 자전거길(인천 아라서해갑문~아라한강갑문, 21km) : 2011년 새롭게 탄생한 아라뱃
길을 따라 조성된 자전거길로 800여 년 전 고려 고종 때부터 명맥을 이어온 아라뱃길의 서해
갑문을 시작으로 한강 갑문까지 이어지는 명품 자전거길. 한강 자전거도로는 노면이 아주 좋
아서 달리기가 좋다.

　1-2. 한강 종주 자전거길(서울 구간, 아라한강갑문~팔당대교, 56km) : 대한민국 수도 서울을
관통하는 한강은 서울의 젖줄이자 서울 시민의 휴식처로서 시민들이 즐겨 찾는 시민 공원으로
재탄생하였다. 광나루/뚝섬 인증센터는 둘 중 한 곳만 인증하면 된다. 사람이 많기에 안전사고
에 유의하자.

2. 남한강 종주 자전거길(아라한강갑문~충주댐, 192km) : 옛 기찻길을 활용하여 만들어진 구간으로서 기차가 달리던 폐철도, 폐교량, 폐터널 등이 아름다운 자전거길로 재탄생되었다. 팔당호, 두물머리, 이포보, 탄금대 등 빼어난 절경과 명승지를 가까이서 만끽할 수 있는 전망 좋고 이색적인 구간이다. 양수철교와 능내역에서 사진을 찍자. 팔당 초계국수, 양평해장국 추천한다. 폐터널은 아주 시원하다. 오르막길도 많이 없고 수월한 코스이다.

3

4. 새재 자전거길(충주 탄금대~상주 상풍교, 100km) : 한강과 낙동강을 잇기 위해 이화령고개를 넘는 짜릿한 자전거길 강과 산, 들과 습지, 마을과 제방길을 지나는 다채로운 길로 구성되어 있다. 이화령(거리 4.31km, 평균경사도 6.2%)과 소조령(3.92km, 평균경사도 3.5%)을 넘어야 한다. 유일하게 강/바다를 끼고 달리지 않는 코스이다. 산에 둘러싸여 달리는 기분을 느낄 수 있다.

5. 낙동강 자전거길(상주 상풍교~낙동강하굿둑, 385km) : 국내에서 가장 긴 자전거길, 영남 4고개는 우회할 수 있지만 처음 도전한다면 가보길 바란다. 영남 4고개 : 다람재(0.74km, 평균경사도 12.7%), 무심사(1.79km, 평균경사도 6.7%), 박진고개(1.37km, 평균경사도 9.8%), 영아지고개(3.12km, 평균경사도 3.7%), 안동댐까지 인증을 해야 낙동강 자전거길 인증이 가능하다.

** 〈국토 종주 자전거길 코스 소개〉

6. 금강 자전거길(대청댐~금강 하굿둑, 146km) : 백제의 숨결을 따라 자연의 조화로움을 느낄

수 있는 여유로운 자전거길. 난도가 가장 낮은 자전거길로 국토 종주 초보자에게 추천하는 코스.

** 〈국토 종주 자전거길 코스 소개〉

7. 영산강 자전거길(담양댐~영산강 하굿둑, 133km) : 시처럼 그림처럼 유유자적 황홀한 자전

거길. 노면이 고르지 못해 라이더들에게 외면받는 자전거길이지만 봄에 벚꽃이 절경인 자전거

길 중 하나이다. 어려운 오르막이 없는 무난한 코스.

** 〈국토 종주 자전거길 코스 소개〉

8. 섬진강 자전거길(섬진강 생활 체육 공원~배알도 수변공원, 149km) : 자연 그대로의 모습을 간직한 섬진강의 아름다움을 그대로 살린 명품 자전거길. 국토 종주를 도전하는 라이더들에게 가장 인기 많으며 봄에는 유채꽃과 벚꽃이 만개하여 눈과 몸이 즐거운 코스.

9. 오천 자전거길(행촌교차로~합강공원, 105km) : 다섯 개 하천을 따라 새재와 금강을 잇는

자전거길. 오천(五川) : 쌍천, 달천, 성황천, 보강천, 미호천. 유일한 천으로 되어 있는 자전거

길. 무난한 코스.

** 〈국토 종주 자전거길 코스 소개〉

10, 11. 동해안(강원, 경북) 자전거길

– 강원 구간(고성 통일전망대~임원, 242km) : 금빛 모래가 펼쳐진 해안 절경 및 주문진, 대포항 등의 항구도시의 활기찬 모습을 체험할 수 있는 자전거길. 관광객과 바닷가 근처 모래를 조심해야 한다. 바다를 끼고 달리기 때문에 힐링이 되는 코스.

– 경북 구간(울진 은어다리~영덕 해맞이공원, 76km) : 해안도로를 달리면서 푸른 동해의 내음과 아름다운 풍경을 느낄 수 있는 자전거길. 에메랄드 울진 바다가 감동적인 곳. 오르막이 많음. 난도 있는 코스.

** 〈국토 종주 자전거길 코스 소개〉

12. 제주 환상 자전거길(제주도 해안도로 일주, 234km) : 해안도로를 따라 제주도의 아름다운 해변과

송악산, 쇠소깍, 성산일출봉 등 멋진 자연경관을 감상할 수 있는 자전거길. 역시 제주도라는 말이 나올

정도로 자연의 아름다움에 반하는 코스. 한라산 1100고지, 성판악 등과 함께 묶어서 달리기도 한다.

신설노선(시범운영 중)

○ 서울 · 경기(서울~성남~용인~화성~오산~평택, 100km)

– 시범운영 : 서울 잠실종합운동장~평택 서탄야구장(70km)

○ 충남 천안(50km)

– 시범운영 : 천안 입장천 포도길 자전거도로(15km)

○ 경상남도(진주~산청, 90km)

– 시범운영 : 진주 남강 · 산청 경호강 자전거길(40km)

국토 종주 노선 : 아라 서해갑문~낙동강하굿둑 (633km)

4대강 종주 : 한강, 낙동강, 금강, 영산강 자전거길

(참고 : 자전거 행복나눔(bike.go.kr))

극한 도전 3.
대회 출전 - 극한의 희열을 느껴보라

인생에서 최고의 희열은 '넌 할 수 없어.'라고 손가락질하는 사람들에게
나의 성공으로 복수하는 것이다.

– 월터 베저홋 –

대회 출전으로 성취감과 흥미를 키워라!

운동을 꾸준히 해왔거나 하고 있다면 진심으로 즐기게 된 것이다. 그리고 어떠한 운동이든 아마추어나 준프로를 위한 대회가 열린다. 대회에 출전한다고 하면 전문가나 선수급이 되어야 하는 것이 아닌가 생각하는 사람도 많다. 그러나 특히 러닝이나 자전거의 경우 일반인을 대상으로 한 가벼운 정도의 대회는 정말 많다.

꼭 그렇지 않더라도 대회 출전은 탁월한 실력을 갖춘 전문가들만 가능

한 것은 아니다. 운동을 좋아하고 안전하게 꾸준히 해왔다면, 실력이 출중하지 않아도 대회에 출전하여 흥미로운 경험과 성취감을 느껴보자.

국내/외에서 다양한 운동 대회가 열리고 있다.
달리기를 좋아한다면? 마라톤대회 5km부터 도전해보자.
자전거를 탄다면? 그란폰도, 메디오폰도에 도전해보자.
수영도 할 줄 안다면? 수영대회, 듀애슬론, 철인 3종 대회에 출전해보자!
멋지게 몸을 만들었다면 머슬마니아 대회에 출전해보자!
그 밖에 내가 하는 운동과 관련된 대회나 모임에 참가해보자!

달리기로 육체와 정신을 강화하자

운동을 시작하고 혼자 출전한 첫 마라톤대회! 5km를 달리는데도 어쩜 그렇게 힘이 들던지.

옆에서 같이 달리는 (모르는) 언니와 힘내서 같이 완주했던 기억이 난다. 중간에 사람들이 힘내라고 응원도 해주고 남은 거리가 쓰여 있는 안내판을 보며 더 힘내서 달릴 수 있었다.

마라톤을 완주하고 먹었던 맑은 순두부 탕이 아직도 잊히지 않는다. 정말 맛있었다. 그 순두부 탕이 가끔 생각나서 집에서 종종 만들어 먹는다. 그 이후에 친한 언니, 친구들과도 마라톤대회에 출전했다. 메달을 모으는 재미가 쏠쏠하다. 스포츠 브랜드에서 주최하는 마라톤대회는 가수들이 와서 공연도 하고 유명 인플루언서가 같이 달리기도 한다. '100km

마라톤', '맨몸 마라톤', '컬러런' 등 이색적인 마라톤대회도 있다.

『상실의 시대』, 『1Q84』로 유명한 작가 무라카미 하루키도 마라톤대회에 자주 출전한다. 풀 코스도 여러 번 완주했고 보스턴 마라톤대회도 여러 차례 출전했다. 그의 하루 루틴은 글을 쓰고 나서 매일 10km 달리기를 하는 것이다. 『달리기를 말할 때 내가 하고 싶은 이야기』에서 그는 말한다.

"말할 것도 없이 언젠가 사람은 패배한다. 육체는 시간의 경과와 더불어 쇠잔해간다. 빠르건 늦건 패퇴하고 소멸한다. 육체가 시들면 정신도 갈 곳을 잃고 만다." – 『달리기를 말할 때 내가 하고 싶은 이야기』, 무라카미 하루키

1948년생인 그는 육체와 정신이 쇠퇴하고 시들지 않기 위해 매일매일 달리며 패배의 시간을 늦춰가고 있다.

** 〈마라톤대회 출전〉 마라토너 사이에서 입고 나갈 옷과 아이템을 찍는 사진이 한때 유행이었다.

** 〈마라톤 기록〉 달리기 전에 찍은 기록

** 〈비 오는 날의 마라톤〉 대회 당일에 비가 와서 우비를 입고 달렸다.

마라톤대회를 통해 다 같이 달리는 즐거움과 에너지를 얻을 수 있다. 완주 후에 받는 메달은 성취감을 주고, 경품 추첨도 쏠쏠한 재미가 있다.

생애 첫 자전거대회 도전기

생애 첫 자전거대회는 2022년에 출전했던 괴산 그란폰도였다. 자전거대회는 전문 선수들이 참여하는 대회부터, 일반인이 참여할 수 있는 대회까지 다양한 대회가 있다. MCT, 힐클라임, 그란폰도, 메디오폰도, 산악자전거 대회, 자전거 대행진 등. 내가 참여한 그란폰도는 19세 이상 일반 성인이 참여할 수 있는 대회이다.

괴산 그란폰도는 비교적 짧은 거리와 획득 고도가 높지 않아 신청하게 되었다. 다 같이 자전거를 타고 목표를 향해 달리는 것이 마라톤과는 또다른 매력이 있었다. 오르막길에서 하나, 둘씩 쳐지고 끌바(오르막에서 자전거를 끌고 올라가는 것)를 하고 꼭대기에서 다시 만나 에너지 젤을 먹고 각양각색의 사람들을 만난다. 대회가 끝나고 내가 나온 사진을 찾는 재미도 있다. 완주하고 먹는 밥이 너무 맛있었다.

자전거대회는 오르막도 올라야 하고 기본적으로 100km가 넘는 거리와 1,000m 이상의 획득 고도의 코스가 보통이기에 충분히 훈련하고 경험을 쌓은 후에 출전해야 한다. 자전거도 잘 관리되어 있어야 한다. 내리막길에서는 속도가 상당히 빠르므로 사고와 부상의 위험이 큰 스포츠이다. 첫째도 안전, 둘째도 안전이다. 처음 자전거대회를 도전한다면 서울시에서 주최하는 자전거 대행진이나 대전에서 삼일절마다 주최하는 삼일절 자전거 대행진에 참여해보는 것도 좋다.

** 〈괴산 그란폰도 출전 인증〉 인생 첫 자전거대회

** 〈괴산 그란폰도 기록증〉 제한 시간 내에 완주하여 받은 기록증

** 〈지금까지 받은 대회의 메달과 배 번호〉 대회에 출전하여 메달 모으는 재미가 쏠쏠하다.

1등이 아니어도 된다! 강인한 에너지와 열정을 느껴보라!

우리가 대회에 출전하는 건 1등을 하기 위함이 아니다. 대회장에 가는 것만으로도 출전자들의 에너지와 열정을 느낄 수 있다. 대회에서 완주했다는 것만으로 성취감이 쌓인다. 대회는 도전이고 자신을 극복하는 과정이다. 대회에 출전해 자신의 한계를 뛰어넘기 위한 노력과 열정을 발휘했고 그 과정에서 분명 성장할 기회와 경험을 얻었을 것이다. 그 성취감이 모여 나 자신을 만들고 자존감도 오르고 무엇이든 해낼 수 있다는 자신감도 충만해진다. 메달을 모으는 재미도 있다. 모르는 사람이 나를 응원해준다. 힘들다가도 힘이 난다. 목표를 향해 달릴 힘이 생긴다. 움직이면 활력이 생긴다. 이 공간에 있는 것만으로도 사람들의 강인한 에너지를 흡수할 수 있다. 즐기는 운동이 있다면 대회 일정을 확인해보자. 안전하고 건강하게 준비하여 대회에 참석해보자.

나를 라이프 위너로 만든 문장들

겁쟁이라서 그래. 미래가 두려운 거야. 미래가 그리 두려운데 현재를 어떻게

즐기겠어?

– 영화 〈세 얼간이〉 중에서

"

미래의 두려움은 내려놓고 현재를 즐기는 삶, 과거에 매이지 않는

삶을 살아야겠다고 생각했다. 그냥 시도해 보라. 시작이 두렵지 막상

하면 즐기면서 할 수 있다.

"

극한 도전 4.
미라클모닝을 통해 매일 읽고 쓰기 - 삶의 변화를 직접 경험하라

새벽 시간을 활용하는 사람은
인생을 2배로 늘려서 사는 사람이다.

– 『아침 2시간 인생의 승부를 걸어라』 김형주 –

성공하는 사람들의 대표 습관, 새벽 기상!

새벽 기상은 성공한 사람들이 실천하는 습관 중 하나다. 이들은 일어나서 가장 고요하고 평화로운 시간에 자신의 목표에 집중하며 자신과의 대화를 나누고 계획을 세우며, 하루 중 가장 중요한 일들을 새벽 시간에 수행한다. 정적이고 평온한 시간은 창의적 사고와 집중력을 높이고 보다 하루를 효율적으로 살 수 있게 한다.

미라클모닝을 통해 매일 읽고 써보라

내가 미라클모닝을 처음 하게 된 건 운동을 하면서 자연스럽게 새벽에 눈이 떠지고부터다. '이왕 아침에 일찍 일어나게 됐으니 무슨 활동을 하면 좋을까?' 하다가 할 엘로드의 『미라클모닝』을 읽었다. 그는 "매일 어떻게 일어나고 어떻게 아침을 보내는지가 성공에 엄청난 영향을 미친다."라고 이야기한다. 그는 미라클모닝을 통해 망해가는 사업, 42만 5,000달러의 개인 부채, 심각한 우울증, 최악의 건강 상태라는 밑바닥에서 차근차근 올라왔다. 지금은 여러 개의 사업을 성공적으로 일구었고, 수입을 몇 배로 늘렸고, 부채를 100% 청산했으며, 세계를 무대로 하는 강연자라는 꿈을 성취했다.

미라클모닝은 이처럼 사람의 인생이 변화하는 아주 멋진 활동이다. 처음에는 습관으로 자리하는 데까지 힘들지만, 습관으로 자리 잡게 되면 별 노력 없이도 일어나는 것이 어렵지 않게 된다. 더 많은 일을 할 수 있고 나와 마주하는 시간이 늘어난다.

나는 미라클모닝을 1,000일 넘게 하고 있다. 피곤해서 늦게 일어나는 날도 있지만 보통은 새벽에 일어나 하루를 시작한다.

** 〈미라클모닝 기록〉 1,000일 넘게 진행 중인 새벽 기상.

새벽의 고요한 시간을 통해 시간을 생산적으로 활용하고 많은 것들을 이뤄가고 있다.

인생을 승리로 이끄는 미라클모닝 루틴 5가지

1. 4시 반~5시 기상 스트레칭, 명상

새벽에 일어나 간단한 스트레칭으로 몸을 깨운다. 물을 한잔 마시고 명상의 시간을 갖는다.

처음에는 잡생각이 많아 명상이 힘들었는데, 돌아보면 명상이 오르락 내리락하는 내 기분을 평온하게 하는 데 도움을 주었다. 마음을 차분하게 하고 내 마음을 알아차리는 훈련을 한다.

2. 시각화와 긍정 확언

시각화와 긍정 확언을 통해 이미 나는 원하는 것을 이뤄낸 사람이 되었다고 상상하고 아침마다 외쳤다. 시각화와 긍정 확언은 내가 원하는 것을 끌어오게 하였고 많은 목표를 달성하는 데 도움을 주었다. 빚을 모두 갚았고, 월 소득이 늘었으며, SNS는 활발히 성장해 강사로 데뷔하였으며, 책을 쓸 수 있었다.

3. 감사 일기, 오늘의 할 일 적기

감사한 일들 세 가지를 적어보고 오늘의 해야 할 일을 적어본다. 감사한 일들을 적으면 마음이 풍요로워지고 감사한 다른 일들을 찾게 된다. 새벽에 적는 감사 일기는 전날의 감사했던 일을 적는다. 감사 일기는 전날 밤에 적어도 좋다. 오늘의 할 일을 적으면 할 일의 우선순위를 판단할 수 있고, 할 일을 잊어버리지 않고 진행할 수 있다.

4. 자기 계발 시간

글을 쓰고, 책을 읽고, 공부도 하며 자기 계발의 시간을 보낸다. 새벽 시간은 아무도 방해하지 않는 귀중한 시간이다. 기발한 아이디어도 새벽에 많이 떠오른다. 새벽 시간을 활용해 많은 공부를 했고 책도 많이 읽으며 다양한 인사이트를 얻고 있다.

5. 미라클모닝의 매력

미라클모닝을 통해 활기차게 하루를 시작할 수 있다. 새벽 시간부터 하루의 성취감이 적립된다. 조용하다 못해 고요한 이 시간은 생산성이 향상되고 우선순위에 집중할 수 있는 시간이 확보된다.

삶의 여유가 생긴다. 새벽에 내려 먹는 드립커피의 행복을 알게 되었다.

생산성 있는 사람들과의 소통의 통로가 되었다. 미라클모닝을 하는 사람들을 많이 알게 되었고 서로 소통하면서 진심으로 응원해주는 사이가 되었다. 인사이트를 나누는 유익한 시간을 보낸다.

매일 미라클모닝의 기록을 내가 강의하고 있는 '월급쟁이 재테크 연구 카페'에 업로드하고 있다. 1,000여 일간의 미라클모닝 시간을 통해 책을 읽고 공부하고 얻은 지식과 생각을 기록하며 이룬 것들이 정말 많다.

나와의 대화를 통해 내가 앞으로 하고 싶은 것 해 나가고 싶은 것들을 꾸준히 기록했다. 단순하게 매일 읽고 기록했을 뿐인데, 많은 것들을 이루고 내가 원하는 삶으로 한발 한발 다가가게 된다.

단순히 일찍 일어나는데 삶이 변화한다고? 미라클모닝에 무슨 힘이 있는 걸까? 고요한 나만의 시간에 집중하는 것이 포인트다. 매일 읽고 기록하게 되면 내면을 확장하고 무의식에 생각을 불어넣게 된다. 그렇게 하루하루 반복하게 되면 내가 무엇을 해야 하는지가 보이고 행동으로 옮길 수 있다. 서서히 삶이 변화하는 것이다.

[해원칭] 미라클모닝 #1104 해원칭 23.06.29. 조회 70		22 댓글	[해원칭] 미라클모닝 #1109 해원칭 23.07.04. 조회 29		9 댓글
[해원칭] 미라클모닝 #1103 해원칭 23.06.28. 조회 58		12 댓글	[해원칭] 미라클모닝 #1108 해원칭 23.07.03. 조회 38		14 댓글
[해원칭] 미라클모닝 #1102 해원칭 23.06.27. 조회 55		8 댓글	[해원칭] 미라클모닝 #1107 해원칭 23.07.02. 조회 53		8 댓글
[해원칭] 미라클모닝 #1101 해원칭 23.06.26. 조회 41		6 댓글	[해원칭] 미라클모닝 #1106 해원칭 23.07.01. 조회 71		8 댓글
[해원칭] 미라클모닝 #1100 해원칭 23.06.25. 조회 66		7 댓글	[해원칭] 미라클모닝 #1105 해원칭 23.06.30. 조회 69		16 댓글

** 〈미라클모닝 인증〉 미라클모닝은 '월급쟁이 재테크 연구 카페'에서 인증을 하고 있다.

함께 미라클모닝을 진행하는 '미모님'들과 즐겁게 소통하며 인사이트를 얻고 있다.

다양한 방식으로 실행하여 라이프 위너가 되라

혼자 할 수 없다면 같이하라. 미라클모닝 챌린지에 참여하여 사람들과 같이 새벽 기상하고 집중하는 시간, 성과를 공유하는 시간을 나눠보라. MKYU 김미경의 미라클모닝, 1억치트키의 48챌린지 등 다양한 미라클 모닝 챌린지가 있다.

** 〈김미경의 미라클모닝〉

　　MKYU(https://www.mkyu.co.kr/)에서 모집하고 있다.

** 〈48챌린지〉

　　1억치트키 블로그(https://blog.naver.com/zoooohee/222958745821)에서 매달 모집하고 있다.

이 외에도 다양한 미라클모닝 챌린지가 온라인상에서 열리고 있다. 혼자 할 수 없을 것 같다면 모여서 동기 부여와 경쟁의식을 느끼며 도전하면 성공할 확률이 높아진다.

미라클모닝 도전 시 생각해봐야 하는 점이 있다.

첫 번째, 수면 시간을 줄여가면서 할 필요는 없다. 하루 7시간을 자면서 할 수 있는 최적의 시간을 확인하자. 나는 유연하게 7시간 취침을 기준으로 다음 날의 기상 시간을 정한다. 밤 9시 40분에 누웠다면 새벽 4시 40분에 일어난다. 수면 시간이 확보되지 않으면 집중력도 떨어지고 다음 날 일과에 지장을 주게 된다.

두 번째, 일찍 일어나는 것이 중요한 게 아니라 무엇을 하느냐가 중요하다. 일어나서 하는 일 없이 멀뚱거린다면 안 일어나느니만 못하다. 일어나서 나는 어떤 생산적인 일을 할 것인가 미리 계획하여 시간을 허투루 보내서는 안 된다.

세 번째, 미라클모닝이 안 맞는 사람도 있다. 늦은 새벽에 몰입이 잘되거나 교대근무를 하는 사람도 있다. 저마다의 상황에 맞게 하면 된다. 늦은 새벽에 몰입이 잘되면 그때 하면 되고, 교대 근무자의 경우는 근무 형태에 따른 기상 시간보다 1~2시간 일찍 일어나서 생산적인 일을 하면 되겠다.

저마다의 상황에 맞는 생산적인 시간을 통해 자신을 계발하고 역량을 강화하자. 미라클모닝은 하루 중 가장 몰입이 잘되고 조용한 시간이며 부를 이루고 성공을 이룬 사람들이 실천하는 중요한 습관 중 하나이다. 생산적인 시간은 꿈을 이루고자 하는 간절함이 있다면 꼭 확보해야 하는 시간이다.

나 또한 처음부터 새벽형 인간은 아니었다. 개인의 상황에 맞게 다양한 방식으로 실행하면 된다. 지금 당장 계획하고 실행하여 원하는 것을 끌어오는 라이프 위너가 되어보자.

나를 라이프 위너로 만든 문장들

자신의 화를 스스로 해소한 상태에서 화를 표현해야 나에게도 이롭다.

– 『소란한 감정에 대처하는 자세』, 조우관, 빌리버튼

> 화를 내면 처음 그 화를 듣는 사람은 나 자신이다. 화가 날 수 있는
> 상황이 많지만 그럴 때마다 화를 해소한 상태에서 표현하는 연습을
> 하면 좋겠다. 나만의 화를 해소하는 방법을 찾아보자. 미라클모닝 시
> 간에 명상을 해봐도 좋겠다. 침묵을 유지하면 화를 내다가도 객관적
> 으로 상황을 볼 수 있는 판단력이 생긴다.

"나를 잘 알아야 삶을 주도할 수 있다"

나는 꾸준히 나를 관찰하고 기록하면서 나 자신에 대해 많은 것을 알게 되었다. 주어진 일에 최선을 다하고 남에게 피해를 주지 않으려 한다. 저마다의 재능을 발견해 꾸준히 노력하면 안되는 일 없고 기회는 갑자기 찾아오기 때문에 기회를 잡을 수 있도록 준비하는 삶을 산다. 모르는 것을 모른다 하고 미안한 일은 미안하다고 이야기하는 것이 참된 어른이라고 생각한다. 도전을 즐기고 실패해도 경험을 쌓았다고 생각한다. 계획적인 삶에서 안정감을 느낀다.

무기력이 찾아오면 그냥 쉰다. 무기력은 그동안 열심히 해왔고 한 번쯤 쉬어가야 한다는 신호라고 생각한다. (그렇다고 매일 쉬면 곤란하다.) 예전에는 쉬면서도 죄책감을 느꼈는데 정말 필요한 시간이라는 것을 깨달은 후로는 아무 생각 없이 쉴 수 있게 되었다. 쉬면서 가볍게 읽을 수 있는 에세이를 읽거나 좋아하는 영화를 보기도 하고 밀린 잠을 충분히 자기도 한다. 자전거를 타고 힐링 라이딩을 가기도 한다.

LIFE
WINNER

PART 6

타인을 존중하고
자신을 긍정하라

가장 강력한 아군은 나 자신이다

당신 자신을 믿어라.
그러면 그 무엇도 당신을 막지 못할 것이다.

– 에밀리 게이 –

아군이 주는 심리적 안정감을 느껴보라

에드워드 호퍼를 아는가? 에드워드 호퍼는 20세기 미국을 대표하는 작가로 〈밤을 지새우는 사람들〉, 〈찹 수이〉, 〈아침 태양〉 등의 작품으로 알려져 있다. 무명 화가이자 삽화가였던 그는 아내인 조세핀과 결혼 후 성공의 가도를 달리게 된다.

조세핀은 내향적인 호퍼와 달리 대단한 사업가 기질을 가지고 있었기 때문이다. 그녀는 남편의 작품을 대신 홍보해주고 미술관 큐레이터에게 소개했다. 호퍼가 그림을 그릴 때는 직접 모델을 서줄 정도로 열정적이었다. (참고 : 〈에드워드 호퍼 – 길 위에서〉 전시 브로슈어)

조세핀은 호퍼의 강력한 아군이었다. 호퍼의 재능과 노력을 인정받게 만든 것은 조세핀이라고 해도 과언이 아니다. 그녀가 있었기에 사람들은 지금까지 그와 그의 작품을 기억할 수 있었다.

당신에게는 꿈과 미래를 응원하고 지지해주는 강력한 아군이 있는가? 인간은 내 편 한 사람만 있으면 심리적으로 안정감을 느낄 수 있다. 강력한 아군의 응원으로 인해 목표를 향해 나아갈 확신과 에너지가 생긴다.

강력한 아군이 없다면 스스로가 나의 첫 번째 아군이 되어주면 된다. 자신을 돌보고 존중하며 내면의 요구와 필요를 충족시키는 것은 라이프 위너가 되기 위한 필수적인 요소이다.

나 자신을 응원하는 강력한 아군, 나부터 내 편이 되는 3가지 방법

첫 번째, 자신을 인정하고 존중해주자.

2013년에 데뷔한 7인조 아이돌 그룹 BTS(방탄소년단)는 2020년 9월 〈Dynamite〉로 한국 가수로서는 최초로 빌보드 핫100 1위를 달성한 그룹이다.

BTS도 공장식 아이돌 체계로 인해 번아웃이 찾아왔다. BTS의 멤버 RM은 유튜브 〈BANGTANTV〉에서 "케이팝(K-POP) 아이돌 시스템 자체가 사람을 성숙하게 놔두지 않는다. 계속 뭔가를 찍어야 하니까 내가 성장할 시간이 없다."라고 말했다. 그는 "(나는) 랩을 번안하는 기계가 됐다.", "영어를 열심히 하면 내 역할은 끝났었다."라고 말했다. BTS는 스스로가 번아웃에 찾아왔다는 사실에 대해서 깨닫고 인정했다. 이 사실은 많은 사람에게 조명이 되었고 이들은 더 크게 곪지 않고 자신의 인생에 책임을 지고 마음을 돌볼 수 있게 되었다.

스스로 아군이 되기 위해서는 나에 대해 먼저 알고 존중하는 것이 중요하다. 지금 나의 상황을 받아들이고 어떤 변화나 행동이 필요한지 생각해본다. BTS에게 번아웃이 찾아왔다는 것은 그동안 정말 열심히 했다는 의미이고, 그들은 스스로 조금은 쉬어가는 것이 필요하다고 판단했다. 스스로가 아군이 되어 현명하고 지혜롭게 상황을 대처했다.

나의 감정과 생각에 귀를 기울이고 회피하거나 무시해서는 안 된다. 자신을 존중해주고 인격적으로 대해주자. 자신을 인정하고 존중하는 것은 내면의 평화와 안정감을 위한 첫걸음이고 내면의 목소리에 귀 기울이는 것은 지속적인 성장과 행복을 위한 필수적인 요소이다.

두 번째, 삶의 의미에 대해 생각하자

삶의 의미를 모르고 환경에 끌려다니는 사람이 있다. 하는 일에도 의미를 느끼지 못하고 그저 하루하루 목표와 의미 없이 살아간다. 내 삶을 주도적으로 살지 못한다.

남의 삶이 아니고 내 삶이다. 내 삶은 나의 것이지 부모의 것도 아니고 회사의 것도 아니다. 나의 삶은 주도적으로 내가 꾸려나가야 한다. 우리는 한 사람 한 사람 귀중하고 가치 있는 존재다. 나 자신을 믿고 확신을 갖는 것. '나는 이것을 왜 하는가?' 삶의 의미에 대해 스스로가 답을 내려야 한다. 내가 나를 모르고 확신할 수 없다면 스스로가 아군이 될 수 없고, 다른 사람이 내 편이 되어줄 수도 없다. 내가 되고 싶은 나의 모습을 고민해보고 상상해보자. 그리고 그렇게 될 수 있다고 확신하고 나아가자. 내가 이미 가지고 있는 좋은 것들에 대해서 생각해보고 직간접적인 경험을 차곡차곡 쌓아보자. 자신을 편하게 느끼고 소중히 여기는 사람들과 관계를 형성하며 서로를 지지하고 도와주는 훌륭한 아군이 되어보자.

세 번째, 나의 꿈과 목표 달성을 응원해주자

부자들은 자신에 대한 확신이 강하고 그 확신을 발판 삼아 현재의 위치까지 왔다. 세계에서 가장 부유한 사람 중 한 명인 아마존의 창업가 제프 베이조스는 1994년 아마존닷컴을 창업하여 전 세계에서 가장 큰 인터넷 소매업체로 성장시키는 데 성공했다. 대담한 비전과 혁신을 통해 단순히 온라인 서적 판매자에서 시작하여 이후에 다양한 제품 카테고리로 확장 시켰다.

초기에는 매출이 미미하고 재정적 압박을 많이 받았으며 웹사이트 안정성이나 확장성의 기술적인 문제로 위기를 맞기도 했지만, 그는 꿈과 목표가 있었다. 실패를 두려워하지 않았고, 실패를 통해 배우고 성장하는 기회로 삼았다. 단기적 목표를 세워 장기적 목표를 구체화했고 지속적인 성장을 추구하였다.

나의 성장과 승리를 위하여

실행을 통해 고난과 도전을 지나 역경을 극복하고 성장하면 크고 작은 성취감이 누적되고 꿈과 목표를 실현할 수 있다. 실행에 옮기지 않고 생각만 하는 사람은 인생이 바뀌지 않는다. 부자들은 생각한 것을 실행에 옮기며 성취감을 누리고 배우며 자기 계발에 힘쓴다. 누구보다 먼저 스스로가 아군이 되어 자신의 꿈과 목표를 응원하고 투자해야 한다는 것을 그들은 잘 알고 있다.

가장 강력한 아군은 나 자신이다. 나부터 내 편을 들어주자. 나의 삶과 꿈을 지지하고 열심히 응원해주자. 될 일은 더 잘 되고 안될 일도 잘되게끔 될 것이다. 더욱 강인한 삶을 살아갈 수 있고 자기 자신을 향한 사랑과 관심을 가지며 삶을 즐기고 발전시킬 수 있다. 나의 편이 되는 것은 더 나은 세상을 만들어 나갈 수 있는 시작점이다. 우주의 기운을 끌어모아 나와 내가 하는 일은 모두 다 잘될 것이라고 확신하며 나아가자. 사람은 생각하는 대로 상상하는 대로 된다. 그리고 늘 당신을 응원하는 사람이 곁에 있다고 생각하자. 어떤 일이든 인정하고 지지해주는 사람 강력한 내 편 그게 바로 나 자신이다. 자기 자신을 돌보고 사랑하며 자기 성장과 행복을 위해 노력하는 것은 우리의 삶을 더욱 풍요롭게 만들어준다. 먼저 스스로가 나의 아군이 되어 나를 응원하며 올곧은 마음가짐으로 살아가자.

나만의 고유한 성품을 갖자!!

내 성공에 대한 자기확신

나 자신을 알자

나는 지금 어디에 있는가

나는 지금 어디로 가고 있는가

나의 마음을 다스리고

모든 것은 한 순간에 이루어지지 않는다

끊임없는 자기개발.

자신의 뜻에 평화를 유지하는 것.

** 〈제주 한라산 1100고지 라이딩〉

제주 한라산 1100고지는 25km의 오르막을 계속 올라가야 도착할 수 있다.

나 자신을 믿고 도전했다.

** 〈아군이 되기 위한 메모〉 내가 먼저 내 편이 되기 위해 나를 알아가는 시간을 가졌다.

나를 라이프 위너로 만든 문장들

다른 사람들이 네가 할 수 없다고 말하도록 내버려 두면 안 돼. 네게는 꿈이 있잖아. 넌 그걸 지켜야 해.

— 영화 〈행복을 찾아서〉 중에서

　다른 사람들이 나에 대해 왈가왈부하는 것으로 인해 스스로의 선택과 주관을 잃지 말아야겠다고 생각했다. 그들은 결국 자격지심이 있거나 부러워서 그렇게 말한다는 것을. 그저 나는 내 주관과 소신대로 나아가면 된다고 생각한다.

시각화와 긍정 확언이 열정을 깨운다

나의 과거가 아니라
내가 선택한 미래의 모습이 나를 규정한다.

– 『마음가면』, 브레네 브라운 –

인생을 변화시키는 시각화의 힘

"잠재의식 속에 이 뿌리를 심고 정성으로 키운다면, 당신이 생각하는 꿈은 언젠가 현실이 될 것이다."
　– 『웰씽킹』, 켈리 최

『웰씽킹』의 저자 켈리 최 회장은 시각화와 긍정 확언의 달인이다. 전세계 12개국에 매장을 가지고 있는 글로벌 기업 켈리델리의 창립자인 그녀는 바닥에서부터 올라온 자수성가형, 시련극복형 성공가다.

그녀는 어려운 형편의 시골 가정에서 태어나 풍족하지 못한 어린 시절을 보냈다. 8남매 중 2명을 영양실조로 잃었을 정도였다. 집안에 돈이 없어 고등학교를 못가게 될 상황이 되자 그녀는 곧장 상경했다. 고등학교 졸업장이라도 있어야 먹고살 수 있겠다는 생각 때문이었다. 낮엔 봉제공장에서 일하고 밤에 야간 고등학교에서 공부하며 눈코 뜰 새 없이 바쁜 나날을 보냈다. 일본과 프랑스를 거쳐 파리에서 전시 사업을 시작했지만 정신을 차리고 보니 남은 것은 10억이라는 빚뿐이었다. 죽을 만큼 열심히 살았지만, 결과적으로 실패한 듯한 인생 때문에 최회장은 죽음을 생각하기도 했다.(참고 : 〈중앙일보〉 "'여공→6000억 자산가' 그녀에게 '돈은 잘 흘려보내는 것'", 2021.11.07.)

그녀는 『웰씽킹』에서 "웰씽킹의 정수는 시각화다."라고 말하며, 꿈을 현실로 만드는 데에는 10%의 의식과 90%의 무의식이 작용하기에 무의식을 내 꿈을 이루기 위해 자동으로 일하도록 지시하면 된다고 하며, 실제로 그녀는 무의식의 힘을 이용하여 많은 부를 이루었다.

『조셉 머피 잠재의식의 힘』에서 조셉 머피는 잠재의식의 힘을 강조하며 "원하는 결말을 상상하고 실제처럼 느껴보자. 상상과 느낌을 따르면 원하는 결과를 반드시 얻을 것이다."라고 말한다. 잠재의식 속에 좋은 생각들로 잠재우면 부정적 패턴이 사라진다. 잠재의식이 나를 위해 일하게 만들면 해내고자 하는 일들을 이룰 수 있고 인생을 변화시킬 수 있다.

긍정적인 생각으로 삶을 바꿔라! - 시각화와 긍정 확언의 효과

시각화와 긍정 확언은 우리의 상상력과 긍정적인 마인드를 현실로 끌어내는 데 도움을 주는 강력한 방법이다. 부정적인 생각은 털어버리고 긍정적인 생각을 주입하는 것이며, 스스로가 원하는 것을 선명하고 구체적으로 무의식에 넣는 활동이다. 시각화는 무의식이 나를 위해서 일할 수 있도록 만드는 것이다. 나 또한 시각화와 긍정 확언을 통해 많은 것을 이뤄냈다. 처음에는 시각화에 관한 내용의 책을 읽어도 너무 막연하고 뜬구름 잡는 소리 같아서 적용하지 않았고 의심이 가득했다. 단순히 생각하고 외치는 데 그것이 이루어진다니.

『The Secret 시크릿』을 처음 읽었을 때도 같은 생각을 했다. 우주가 자석처럼 끌어당겨 내가 원하는 것을 이루어 준다고? 그 당시에는 나의 내면의 생각들이 부정적이었고 패배적이었기 때문에 더 받아들이기가 쉽지 않았다. 삶이 너무 힘들고 하루하루의 의미를 찾던 어느 날 다시 책을 읽기 시작했다.

"기대하면 강력하게 끌어당기게 된다. 원하는 것은 기대하고, 원치 않는 것은 기대하지 마라."
– 『The Secret 시크릿』, 론다 번

갑자기 망치로 머리를 맞은 듯한 느낌을 받았다. 나는 늘 내가 원하지 않는 것, 내가 불행해지는 것에 생각의 초점을 맞추며 살아왔다는 것을 깨달았다. 나는 무의식중에 늘 내가 잘 안되는 것, 가지지 못한 것에 대해서만 생각했다. '회사에 출근하면 이런 나쁜 일이 생길 거야.', '대표님에게 혼나면 어떡하지?', '진상 고객에게 오늘도 전화가 오면 어떻게 버텨야 하지.' 그것이 결국 부정적 끌어당김의 법칙이 되어 삶의 부정적 결과로 고스란히 나타난 것이었다. 이때까지도 나는 온전히 100% 믿지는 못했지만, 나의 삶을 바꿔보고자 지푸라기라도 집는 심정으로 시각화와 긍정 확언을 삶 속에서 실천해보기로 했다. 출근길이 지옥 같았던 어느 날, 마리사 피어의 『나는 오늘도 나를 응원한다』의 내용을 내 상황으로 바꾸어 메모장에 저장하고 매일 아침 출근길에서 읽었다.

2013년 2월 22일 오전 8:14

당신이 듣는 말중에 가장 중요한 것은 당신 자신에게 하는 말, 즉 당신이 스스로에게 속삭이는 믿음이다.
실수를 해보지 않은 사람은 아무것도 이루지 못한다.
스스로를 깎아내리지마라
내면의 비난을 잠재우는 것,
자기행동을 자책하는 대신 스스로를 격려하는것.
난 똑똑하니까
난 매력이 넘치니깐
난 훌륭하니까
난 만능이니까
마음에 구체적이고 긍정적인 질문을 던지자
자신감있는 질문을 하라
스스로에 대해 만족하지 못하는 이유는 당신의 행동 자체가 아니라 당신이 늘 스스로에게 던지는 비판과 자책 때문이다
넌 할수있어, 할수있어, 정말, 정말로 할수있다구!!!!!!!!!
당신은 누구도 대신할 수 없는 존재이다
자신감, 자기확신
칭찬을 많이 할수록 자기변화는 더욱 쉬워진다.

** 〈나만의 긍정 확언〉 스마트폰 메모장에 저장해두고 힘들 때마다 꺼내 읽은 긍정 확언

매일 이 글을 읽었는데 정말 신기하게도 정말 할 수 있을 것 같다는 생각이 마음 깊숙한 곳에서 올라오는 느낌을 받았다. 나의 힘들었던 시기는 이 확언을 읽으며 버텼다고 해도 과언이 아니다. 당신도 당신만의 긍정 확언 모음을 만들어보면 좋을 것 같다.

부정적인 비난에 대항하는 긍정 확언을 만들어보라

나는 자신을 깎아내리고 있었다. 도래하지도 않은 미래를 무조건 부정적이라고 치부하고 나를 부정적인 구렁텅이에 계속 밀어 넣고 있었다. 내면에서 계속 나오는 비난을 받아들이며 자책하고 있었다. 이제 그럴 필요가 없는 것을 알았다. 자신을 격려하는 방법을 배우고 긍정 확언을 통해 내 안에서 스멀스멀 올라오는 부정적인 비난들을 긍정 확언으로 제압하는 연습을 했다. 있는 모습 그대로를 사랑하게 되었으며 도전하고 배우는 것을 즐기게 되었다. 실패도 받아들이고 두려워하지 않게 되었다.

끈기 있게 지속하는 힘을 통해 도전하는 삶으로 하루하루 살아가고 있다. 문제에 부딪히면 모든 문제는 해결할 방법이 있음을 알고 문제를 해결할 수 있는 지혜를 구하고 혁신적인 답을 찾는다. 견문이 넓어지고 시야가 확장됨을 느낀다. 우물 안 개구리의 삶이 아닌 더욱이 발전하는 그런 삶을 책을 통한 아웃풋, 공부를 통한 지식의 축적, 긍정적 마인드와 어우러져 새로운 것을 창출해 나가고 있음을 안다.

하루하루를 좋은 습관으로 채워나간다. 시각화를 통해 내가 되고 싶은 나의 미래의 모습, 벌고 싶은 돈의 액수, 성공한 나의 삶을 상상해보고 이미 된 사람처럼 행동하게 된다.

브라이언 트레이시는 "생각을 먼저 지배하는 것은 우리지만 그다음에는 생각이 우리를 지배한다. 우리는 자신이 보는 것을 믿는 것이 아니라 믿는 것을 보는 것이다. 어떤 일을 하든 믿음만큼 성공한다. 생각이 우리의 태도와 행동을 결정하고 그것들은 다시 성공과 실패를 결정한다."라고 말한다.

이처럼 생각하는 힘은 무시할 수 없다. 아침마다 의식적으로 생각하고 양치하는 사람이 어디에 있을까. 무의식에 어떤 말을 넣고 어떤 생각을 하며 지내는지가 굉장히 중요하다. 무의식에 좋은 것들을 넣는 연습을 하자. 시각화와 긍정 확언을 무의식에 넣고 나의 무의식을 통해 행동할 수 있게끔 시스템을 만들어보자.

나만의 시각화 목록, 긍정 확언 리스트를 최대한 구체적으로 만들어보자. 돈에 대한 것도 좋고 성공에 대한 것도 좋다. 자존감이 낮다면 자존감이 채워진 나의 모습을 상상해보는 것도 좋다. 그 문장을 매일 아침에 읽고 무의식에 넣는 것만으로도 당신은 이미 성공한 것이나 다름없다. 부자들은 다 이렇게 상상하며 그것을 자신의 것으로 만든다. 부자들이 했으니 설득력이 있지 않은가. 당신도 할 수 있다. 지금 당장 시각화와 긍정 확언을 통해 미래의 자신의 성공한 모습을 상상하는 것을 시작해보라.

⊙ 확신의 말 :
- 나는 오늘도 평안한 하루를 보낸다.
- 내가 하는 일은 모두 다 잘된다.
- 나는 긍정적인 사람이다.
- 나는 나를 사랑하는 사람이다.
- 나는 매일매일이 행복한 사람이다.
- 나는 도전하는 사람이다.
- 나는 분별하는 사람이다.
- 나는 남과 나를 비교하지 않는다.
- 나는 주변을 탓하지 않는다.
- 나는 내가 꿈꾸는 인생을 창조할만한 능력이 있다.
- 나는 나만의 성공노하우를 가지고 있다.
- 나는 주어진 기회를 붙잡는 탁월한 능력이 있다.

<진행중 & 곧 이룰 시각화>
- 나는 ★2025년 집을 산다★ 아무 문제 없다.
- 나는 2024년 씨드머니 2억을 모은다.
- 나는 월 300만원씩 저금&투자한다.
- 나는 시스템 수익으로 연봉만큼 번다.
- 우리 가족은 모두 건강하고 행복하다.
- 나는 여러 기업으로부터 멋진 제안을 받는다.
- 2023년 4월 유튜브 구독자가 4,000명이 된다!
- 2023년 연봉 2억이 된다.
- 2023년 책을 출간한다.
- 2023년 나만의 커뮤니티를 만든다.
- 2023년 동기부여전문가가 된다.

TIP 시각화, 긍정 확언 목록

긍정 확언

- 나는 오늘도 평안한 하루를 보낸다.

- 내가 하는 일은 모두 다 잘된다.

- 나는 긍정적인 사람이다.

- 나는 나를 사랑하는 사람이다.

- 나는 하루하루가 행복한 사람이다.

- 나는 도전하는 사람이다.

- 나는 분별하는 사람이다.

- 나는 남과 나를 비교하지 않는다.

- 나는 주변을 탓하지 않는다.

- 나는 내가 꿈꾸는 인생을 창조할만한 능력이 있다.

- 나는 나만의 성공 노하우를 가지고 있다.

- 나는 주어진 기회를 붙잡는 탁월한 능력이 있다.

시각화 목록 〈이루어진 시각화〉

- 부수입 100만 원을 벌게 되었다.

- 2022년 빚을 청산한다. (2021년 12월 달성)

- 2022년 강사가 된다. (2022년 3월 달성)

- 2022년 6월 국토 종주 그랜드슬램을 달성한다. (2022년 6월 달성)

- 2022년 8월 유튜브 구독자가 3,000명이 된다. (2022년 7월 달성)

- 2022년 2월 인스타그램 팔로워가 1만 명이 된다. (2022년 2월 달성)

- 2023년 1월 현금 100%로 차를 산다. (2023년 1월 달성)

〈진행 중 & 곧 이룰 시각화〉

- 나는 2025년 집을 산다. 아무 문제 없다.

- 나는 2024년 종잣돈 2억을 모은다.

- 나는 월 300만 원씩 저금 & 투자한다.

- 나는 시스템 수익으로 연봉만큼 번다.

- 우리 가족은 모두 건강하고 행복하다.

- 나는 여러 기업으로부터 멋진 제안을 받는다.

- 2023년 유튜브 구독자가 4,000명이 된다!

- 2023년 연봉 2억이 된다.

- 2023년 책을 출간한다.

- 2023년 나만의 커뮤니티를 만든다.

- 2023년 동기 부여 전문가가 된다.

나를 라이프 위너로 만든 문장들

자기 인생에 물음표 던지지 마. 그냥 느낌표만 딱 던져.

— SBS 드라마 〈질투의 화신〉 중에서

"

난 늘 내 인생에 물음표를 먼저 던졌던 것 같다. 삶은 왜 사는 걸까?

인생의 의미는 무엇일까? 지금은 인생에 느낌표를 던지는 법을 배웠다.

무조건 된다! 나는 잘 된다! 물음표를 떼 버리고 느낌표를 달게 되었다.

"

받고 싶은 만큼 남에게 해줘라

무언가가 부족하거나 필요하다고 느낄 때마다 먼저 원하는 것을 주어라.
그러면 그것이 푸짐하게 돌아올 것이다. 이것은 돈과 미소, 사랑, 그리고 우정에 대해서도 같다.

— 『부자 아빠 가난한 아빠』, 로버트 기요사키 —

부를 얻는 기버(Giver), 나눔의 가치를 통해 더 큰 기회를 얻어라

조직심리학자이자 『오리지널스』, 『기브 앤 테이크』, 『싱크 어게인』의 저
자인 애덤 그랜트는 미국의 비영리 재단에서 운영하는 강연회인 〈TED〉
에서 '당신은 기버입니까, 테이커입니까 (Are you a giver or taker?)'라
는 주제로 강연했다.

그는 수천 개의 회사를 분석하며 모든 조직에는 세 부류의 사람들이
존재함을 발견한다. 기버(Giver), 테이커(Taker), 매처(Matcher).

테이커는 관계에서 자신만의 이익에만 관심이 있는 사람이고, 기버는 타인의 이익을 위해 자신이 도울 수 있는 일을 찾는 사람이다. 그는 극단적 두 부류가 얼마나 보편적인지 궁금하여 산업 전반에 걸쳐 다양한 문화군에 있는 3만여 명을 조사했다. 대부분 사람이 중간에 걸쳐 있었다. 그들을 매처라고 하며 기브 앤 테이크의 균형을 맞추는 사람들이다. 매처는 "당신이 나에게 무엇을 해준다면 나도 무언가를 해주겠다."라는 생각을 갖는다.

그는 영업사원 수백 명에게서 모은 판매 데이터를 통해 기버의 수익은 양극단에 있음을 발견했다. 최저 수익을 내면서 최고 수익을 내고 있었다. 이는 엔지니어의 생산성, 의대생의 성적에서도 같은 양상을 보였다. 기버는 눈앞의 이득보다는 많은 서비스를 제공하려 노력하며 가장 낮은 성과를 보이지만, 막대한 성공을 하는 사람도 기버였다. 기버는 누군가를 짓밟고 높은 위치로 가는 것이 아니라 서로 돕고 자신이 가진 것을 나눴을 때 부를 얻게 된다. 부를 얻게 되면 더 큰 가치를 또 나누게 된다. 기버로 살아간다는 것은 결국 더 많은 기회를 얻게 될 수 있다.

(참고 : 유튜브 〈TED〉, 〈Are you a giver or a taker? | Adam Grant〉)

타인의 성공이 자신에게 돌아오는 비밀

밥 버그의 『기버1』에서 성공을 꿈꾸며 달려온 젊은이 '조'는 자기 커리어에 영향을 미칠 결정적인 계약을 앞두고 '올드맨'이라고 불리는 베일에 싸인 전설적인 컨설턴트 '핀다'를 찾아간다. 핀다는 조에게 자신을 위대한 성공으로 이끈 다섯 가지 법칙을 아무 대가 없이 일러준다.

그가 말하는 성공의 유일한 원칙은 '주고, 주고, 또 주는 것'이었다. 조는 '타인으로부터 원하는 것을 얻는 것이 성공'이라는 고정관념에서 벗어나 '다른 사람을 진정으로 위하고 그들의 삶에 가치를 더하는 것'이 결국 자신에게 더욱더 큰 보상으로 돌아온다는 사실을 깨닫게 된다.

전 국민에게 무료로 이메일을 제공해준 회사는 네이버와 다음이 되었고, 전 국민에게 문자 메시지를 무료로 제공한 회사는 카카오가 되었다. 세계적인 기업 애플, 구글, 마이크로소프트, 아마존, 페이스북 등도 마찬가지다. 자신이 가진 기술을 움켜쥐는 대신 많은 이들이 많은 가치를 누릴 수 있도록 기버의 마음으로 나누는 기업만이 큰 영향력을 행사하고 세계 최고의 자리에 올라선 것이다.

작은 행동이 큰 의미를 갖는 기버의 영향력

기버가 되면 다른 사람과 깊고 강한 관계를 형성하며 긍정적 네트워크를 구축해나갈 수 있다. 우리의 신뢰와 평판을 향상하며 더 많은 기회와 협업의 문을 열어준다. 남을 도우려는 자세를 가지고 살아가면 부는 저절로 따라오게 되고 내면의 윤택함을 채워나갈 수 있다.

주변에도 기버의 마음을 가지고 주는 것에 기쁨을 느끼는 사람들이 있다. 그들은 받는 것보다 주는 것을 더 좋아하고 값없이 베푸는 삶이 일상에 배어있다. 기버의 주변에는 늘 좋은 사람들이 가득하고, 그들이 베푼 것들이 그 이상이 되어 돌아오는 것을 보며, 기버의 삶은 결코 손해 보는 것이 아님을 깨닫게 된다.

테이커는 끊임없이 받기만을 원한다. 커피 한잔 사는 일이 없고, 더치페이를 하면 백 원 단위까지 세세하게 계산한다. 상대방을 배려하는 마음은 일절 없으며 본인이 손해 보지 않기 위해 수단과 방법을 동원한다. 그들은 이기적이라는 소리를 많이 듣고 주변에 좋은 사람들이 하나둘 떠나게 된다. 기버들은 자칫 테이커의 먹잇감이 될 수 있기에 반드시 사람을 분별하는 지혜를 가져야 한다.

나는 적당한 매처인 것 같다. 가는 게 있으면 오는 게 있고, 염치없는 걸 싫어하기 때문에 주면 더 줬지 덜 주는 일은 없다. 하지만 매사에 최선을 다하고 더 많이 주려 하는 편이기에 조금 더 기버에 가까운 매처가 아닐까 생각해본다.

달라이라마는 "남을 돕는다고 하면 보통 자신을 희생해야 한다고 생각하지만 그렇지 않다. 남을 도울 때 가장 덕을 보는 것은 자기 자신이고 최고의 행복을 얻는 것도 자기 자신이다."라고 말한다.

기버가 되어 주변을 돕고 세상을 변화시키는 것은 우리 모두에게 주어진 기회다. 우리가 자신의 역량과 지식을 발전시키며 더 많이 나누는 사람이 될수록 우리 주변의 사람들은 희망과 영감을 받으며 성장해나갈 것이다. 기버가 되어 최고의 행복을 얻는 경험을 해보면 좋겠다. 주면 반드시 되돌아온다. 꼭 준 사람에게 되돌아오는 것이 아니라 어떤 형태로든 되돌아오게 되어 있다. 마음과 정성을 다해 상대방에게 주어라. 받은 사람은 그 마음을 기억해뒀다가 자신이 줄 수 있는 사람에게 또 나눠줄 것이다. 내가 가진 것들을 아낌없이 전하고 좋은 영향력을 설파하자. 당신의 작은 행동이 큰 의미를 갖는다는 사실을 기억하자.

TIP 기버가 되기 위한 역량 강화 리스트

1. 자기 발전을 통한 역량 강화

• 독서, 학습, 연구를 통한 지식 습득과 성장

• 자기 계발을 위한 목표 설정, 습관 형성

2. 경험과 실전을 통한 역량 강화

• 봉사활동, 사회참여 등을 통한 역량 강화

• 협업과 팀워크를 통한 역량 강화

3. 지식의 발전을 통한 역량 강화

• 다양한 분야의 지식 습득과 활용

• 전문성과 전문 지식의 중요성

• 문제 해결과 창의적 사고를 위한 학습

4. 소통과 감정 지능 발전을 위한 역량 강화

• 효과적 의사소통 소통 기술 강화

• 존중과 이해를 바탕으로 한 인간관계 구축

작은 성취감이 자존감의 토대가 된다

강한 자존감은 당신을 비굴해지지 않도록 해줄 것이고,
당신이 세상과 맞서 싸울 때 당신의 행동에 대해 확신을 줄 것이다.

– 버트런드 러셀 –

떨어진 자존감은 회복할 수 있을까?

자존감은 자신에 대한 감정적 평가와 존중을 의미한다. 자존감은 개인의 삶에 큰 영향을 미치는 중요한 요소 중 하나다. IT산업이 빠르게 발전하면서 우리는 정보의 포화 속에서 살아간다. SNS의 발달로 누군가의 아름다운 얼굴, 화려한 삶, 여행 가서 찍은 사진, 비싼 자동차, 돈 자랑 등을 보고 있으면 '나는 왜 가진 게 없을까?' 초라해져 보이고, 상대적 박탈감이 들고 이내 우울해진다. 외부 환경으로 인해 낮아지는 자존감. 그리고 자신의 위치나 상황으로 인해 자존감이 낮은 사람들이 있다. 돈이 없는 사람뿐만이 아닌 좋은 직업을 가진 사람도, 돈이 많은 연예인도 자존감이 낮은 것을 보게 된다.

윤홍균 정신건강의학과 의원 원장이면서 책 『자존감 수업』 저자인 윤홍균 원장은 책을 통해 자존감이 우리 삶에 미치는 영향을 알려주고, 자존감을 끌어올리는 실질적인 방법을 알려준다.

"결론부터 말하자면 떨어진 자존감은 회복할 수 있다. 다만 시간이 좀 걸리는 사람이 있고, 쉽게 되찾는 사람도 있다."
－『자존감 수업』, 윤홍균

작은 성취 목록으로 자존감을 강화하라

나는 굉장히 자존감이 낮았다. 따돌림으로 인한 소외감, 사회 부적응, 자신에 대한 불신, 무기력감이 일상에서 밀려들었고 그로 인해 사회에서 적응하지 못하고 많은 어려움을 겪었다. 버스에서 벨을 누르지 못하는 아이였고, 학원 차에서 내려달라는 이야기도 하지 못했다. 자아정체성이 확립되지 않은 채 사회가 원하는 대로 꼭두각시처럼 살았던 나는 "나는 왜 사는 걸까?", "삶의 의미는 무엇일까?"라는 질문을 수없이 던졌다.

낮은 자존감을 끌어올리고 싶어서 책 속에서 다양한 이야기와 인생의 지혜를 마주했다. 자신의 가치와 잠재력에 대해 생각해볼 수 있었고 어떤 상황이어도 나는 사랑받을 존재라는 확신을 갖게 되었다. 책을 통해 자신을 이해하고 받아들이는 방법을 배우고 실행에 옮겼다.

삶의 문제를 유연하게 바라보는 연습을 통해 사서 걱정하지 않고, 자신에 대한 불신을 내려놓게 되었다. 모든 사람이 나를 좋아할 수는 없으니 나를 좋아하는 사람들과 즐겁게 지내야겠다고 생각했다. 무기력이 찾아올 때마다 충분히 쉬어주고 나를 '셀프토닥'했다. 이 마음가짐과 더불어 작은 성취를 통해 자존감을 올릴 수 있다는 것을 알게 되었다. 마음에 질문을 하며 소소하게 성취할 수 있는 것들이 무엇이 있을까 생각해보았다.

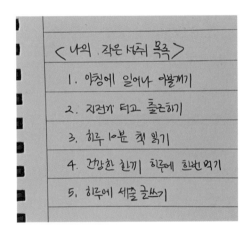

** 〈나의 작은 성취 목록〉

　1. 아침에 일어나 이불 개기

　2. 자전거 타고 출근하기

　3. 하루 10분 책 읽기

　4. 건강한 한 끼 하루에 한 번 먹기

　5. 하루에 세 줄 글쓰기

아침에 일어나 이불을 '탁탁' 개는 순간 '아, 뭔가 소소하지만 한 가지를 해냈네!' 하는 생각을 했다. 가지런한 이불을 보기만 했는데도 마음이 평안함이 생겼다. 일어나자마자 소소한 성취가 +1이 되니 뿌듯함을 느꼈다. 내가 조금 쓸모 있는 사람처럼 느껴졌다.

자전거를 타고 출근하면 거리는 편도 12km 보통 30분 정도 걸린다. 처음에 자전거 출퇴근을 시작했을 때는 4km도 겨우 타는 저질 체력이었다. 30분 정도면 도착하는 거리가 40~50분씩 걸렸다. 12km를 가는데 중간에 두 번 이상 쉬어야만 했다. 포기하지 않고 꾸준히 자전거 출퇴근을 했고 이제는 체력이 붙어 12km는 쉼 없이 한 번에 갈 수 있게 되었다. 성취감이 또 늘었다.

책과 친하지 않았던 내가, 한 권을 완독해본 적이 손가락에 꼽을 정도였던 내가 책을 읽는 것이 좋아졌다. 책 속의 새로운 지식, 작가의 생각을 통해 얻는 인사이트와 배움이 너무 좋았다. 처음에는 하루에 10분씩만 읽었다. 그 10분이 점진적으로 늘어나게 되었고 처음으로 한 권을 나의 의지로 완독한 순간 표현할 수 없는 뿌듯함을 느꼈다.

건강한 한 끼, 맛있고 건강하게 샐러드와 견과류, 낫토를 곁들인 건강식을 하루에 한 번씩 먹었다. 건강한 것을 먹는 것만으로 나를 스스로 돌보는 느낌. 나를 아껴주는 느낌이 들었다.

하루 세줄 글을 쓰면서 나를 돌아보는 시간을 가졌다. 좋았던 일. 싫었던 일을 적기도 하고 감사했던 일을 적기도 했다. 나의 하루를 정리하며 이만하면 오늘도 잘 살았다 싶은 생각이 들었다.

** 〈자전거 출근 기록〉 앱을 통해 자전거 출퇴근을 기록하고 있다.

** 〈자전거 퇴근 중〉 퇴근길은 늘 활기차고 즐겁다.

** 〈식단 기록〉 건강한 한 끼. 내 몸을 만드는 것은 내가 먹는 음식이라는 것을 안다.

소소한 성취의 연습, 나는 무엇을 할 수 있을까?

소소한 성취감이 모이니 내가 꽤 괜찮은 사람이라는 생각이 들었다. 자존감이 차곡차곡 채워진 것이다. 나도 하면 하는 사람이구나. 내가 할 수 있는 게 생각보다 많구나. 그리고 자신을 잘 돌보지 못했기에 내가 자존감이 낮았구나. 누군가와의 비교와 비난으로 스스로 주눅 들고, 내면에 귀 기울이며 나답게 살아가지 못했기에 자신을 인정해주고 받아들이지 못했다는 생각이 들었다.

성취감이 모여 자존감을 형성하니 실패해도 좌절하지 않는 내공이 생겼다. 실패하면 다시 하면 된다는 생각이 들었고, 인생은 길고 기회는 많고, 포기하지 않으면 무조건 된다는 긍정적인 믿음도 생겼다. 자존감을 올릴 수 있는 가장 좋은 방법은 스스로 칭찬하는 것이다. 타인에게 칭찬받기를 바라는 것은 우리가 자신감이 부족하고 타인에게 의존적이기 때문이다. 자신을 칭찬하면 독립적이고 자존감 높은 사람이 될 수 있다. 주기적으로 칭찬해보자.

저마다 적합한 방법대로 소소한 성취감을 쌓아가는 연습을 하면 좋겠다. 마음에 구체적인 질문을 던져보자. 나는 무엇을 하면 좋을까?

자존감은 높았다가도 떨어지기도 한다. 잘해오다가 외부적으로 큰 문제를 만나게 되면 사람은 다시 자신감을 잃고 자존감이 낮아질 수도 있다. 별것 아닌 일로도 자존감이 낮아지기도 한다. 자존감이 낮아지면 자책하게 되고 나는 역시 안 되는 사람인가 끊임없이 부정적 아우라에 빠지게 된다. 그때 잘 헤쳐 나와야 한다.

"그래, 실수는 누구나 하는 거고 이 실수를 토대로 내가 다시 잘하면 된다. 나는 가치 있는 사람이야. 똑같은 실수는 다시 하지 않으면 돼. 실수했다고 해서 내가 하찮은 사람이 되지는 않아."

자신을 지키는 힘이 필요하다. 그때마다 읽으며 곱씹을 수 있는 나만의 자존감 극복 문장을 만들어보자. 우리의 바이오리듬도 그렇듯 자존감은 항상 일정하지 않고 수시로 오르락내리락한다. 남이 나의 자존감을 떨어뜨리지 않도록 신경을 끄는 연습을 하면서 꿋꿋하게 매일 작은 성취를 느끼며 자존감을 굳게 지켜나가 보자.

나는 침착하게 상황을 통제할 수 있어.

나는 훌륭하게 대처할 수 있어.

조금 불안할 뿐이야.

약간 걱정되지만 괜찮을거야.

나는 무엇을 어떻게 해야 하는지 알고있어.

난 내가 좋아. 사람들도 나를 좋아할거야

할수있어. 할거야. 그것도 아주 훌륭하게.

아주 흥미진진하군, 난 잘 해낼거야.

나는 정말 잘하고 있어.

나는 뭐든 잘할 수 있어.

해볼 만한 일이야.

새로운 기회야, 정말 기대되는군

** 〈자존감 극복 문장〉

자존감이 떨어지고 아무것도 못 할 것 같다고 생각될 때

읽었던 문장들은 나에게 할 수 있는 힘을 주었다.

TIP 나의 자존감을 떨어뜨리는 사람

나의 자존감을 지키기 위해서 이런 유형의 사람들은 최대한 거리두기를 하자.

1. 이기적인 사람 : 자기만 알고 남을 배려하지 않는다. 필요할 때만 연락한다.

2. 자격지심이 있는 사람 : 남이 잘되는 꼴을 보지 못해 망언을 일삼고 자기 합리화를 한다.

3. 인성이 별로인 사람 : 쓰레기를 함부로 버리거나 갑질을 일삼는 사람

4. 자기 돈은 아깝고 남의 돈은 안 아까워하는 사람 : 호구가 될 수 있다.

5. 자기 이야기만 하는 사람 : 만나면 불필요한 에너지만 뺏길 수 있다.

라이프 위너가 말한다! Life winner says…

"자기 계발? 그냥 하면 된다!"

'자기 계발' 이름이 거창해서 그렇지 그냥 하면 된다. '내가 더 나은 내가 되기 위해 해야 할 일이 무엇이 있을지 고민해보자. 결국은 나와 마주하는 시간을 가져야 한다. 하고 싶은 일을 찾았다면 차근차근 해 나가면 된다. 뚜렷한 동기를 가지는 것이 중요하다. 내가 이것을 왜 하는지를 알아야 한다. 그걸 모르고 시작하면 자꾸 무너지게 된다. 여러 공부, 책을 통해 스스로의 역량을 키워나가면 분명 좋은 기회를 얻게 될 것이며, 더 나은 자신이 되어 있을 것이다. 이 책이 당신의 자기 계발 지침서가 되기를 소망한다.

LIFE
WINNER

PART 7.

당신은 당신 **삶**의
주인공이다

먼저 뚜렷한 목표를 정하라

나는 오랫동안 명상한 결과 다음과 같은 확신을 스스로 얻게 되었다.
확고한 목표를 지닌 인간은 그것을 반드시 성취하게 되어 있으며
그것을 성취하고자 하는 그의 의지를 꺾을 만한 것은 아무것도 없다.

— 벤저민 디즈레일리 —

재산과 목표는 무슨 관계가 있을까? - 글로 적는 목표의 효과

1953년 예일 대학에서는 졸업생들을 대상으로 글로 적은 분명한 목표가 있는지 그리고 목표 성취를 위한 계획을 세웠는지 조사했다. 그 결과 전체의 3%만 글로 적은 분명한 목표가 있다고 대답했다. 그로부터 20년 후인 1973년에 조사 참여자를 연구한 결과 목표를 글로 적어놓은 3%가 나머지 97%의 재산을 합친 것보다 재산이 많았다.

목표의 놀라운 힘이 느껴지는가? 목표가 없다면 자기 주도적으로 살 수

없다. 그저 환경과 상황에 자신을 맞추며 그저 그런 삶을 살 수밖에 없다.

목표 없는 일상은 한계가 있다!

우리가 목표를 설정하는 이유는 우리 삶에 의미와 방향을 정하기 위함이다. 목표는 우리가 원하는 미래의 상태 혹은 성취를 의미한다. 목표를 설정하면 '이 목표를 이루기 위해 어떤 행동을 시작한다.'라는 뚜렷한 이유가 생긴다. 목표가 없다면 하루를 의미 없이 살아갈 수밖에 없다. 열정과 의지는 자연스럽게 퇴화한다. 목표가 있고 없고의 차이는 이처럼 강력하다.

또한 목표를 설정하면 우리는 성취감과 만족감을 느낄 수 있고 삶의 질이나 수익적인 부분이 더 좋아질 수 있다. 삶의 질이 올라가면 자신감이 생기고 새로운 도전을 할 수 있는 원동력이 된다. 긍정적 태도 유지에도 도움이 되며 목표 달성 과정 중에서의 어려움을 극복한 경험이 쌓여 당신의 내공이 될 것이다. 목표를 설정해 차근차근 이뤄나가고 꿈을 실현하는 삶을 살아가는 라이프 위너가 되어보자.

자신에게 확신을 주는 목표 설정 방법
1) 자신의 비전을 파악하고 구체화 하라

내면과 마주하는 시간을 통해 내가 정말 이루고 싶은 목표, 실현하고 싶은 가치, 이 목표를 왜 이루고 싶은지 생각해봐야 한다. 어떤 분야에서 어떤 업적을 이루고 싶은지 상상해보자. 크고 흥미로운 나만의 목표를 설정하는 데 도움이 될 것이다.

목표의 구체화를 통해 명확한 목표를 설정한다. '작가가 되어 책을 출간하기'가 목표라면 '1년 안에 책을 출간해서 작가가 되겠다'라고 구체적인 목표를 생각해볼 수 있다. 목표의 의미와 중요성을 생각해본다. '작가가 되어 나의 이야기를 많은 사람과 나누고 싶다.', '책을 통해 사람들과 소통하며 다양한 이야기를 듣고 싶다.', '인세 소득을 받아보고 싶다.' 등 목표가 왜 중요한지, 나에게 어떤 영향을 미칠지를 명확하게 이해하면 목표 달성과 동기 부여에 영향을 줄 것이다. 비전과 목표 사이에 연결고리를 파악하고 목표가 자신의 비전을 실현하는 데 어떻게 이바지하는지 생각해보자. 이를 통해서 목표에 대한 열정을 유지할 수 있다.

2) 목표의 우선순위를 파악하라

목표가 여러 가지일 경우에는 우선순위를 파악하자. 어떤 목표가 지금 당장 중요한지 파악하면 시간을 효율적으로 사용할 수 있다. 목표의 중요도나 긴급성, 영향력 등으로 기준을 잡아 우선순위를 파악해 시간과 에너지를 효율적으로 배분하자. 목표를 이루기 위한 하위 목표를 세운다. 큰 목표를 한 번에 이루기는 어려울 수 있지만, 작은 목표로 나눠 순차적으로 목표를 달성하는 것은 비교적 수월하다. 이를 통해 각 하위 목표를 독립적으로 다룰 수 있고, 단계적으로 큰 목표에 접근할 수 있다.

목표는 구체적이고 측정할 수 있으며 시간 내에 달성할 수 있어야 한다. 주기적으로 목표 달성 여부를 점검해보자.

3) 목표를 적어라

목표를 세웠다면 적어 보자. 목표가 더 분명해진다.

마약중독자에서 4,000억 자산가가 된 그랜트 카돈의 『10배의 법칙』에서는 목표를 달성한 것처럼 적어 보는 방법을 추천한다. 그는 아침에 일어나자마자, 밤에 잠들기 직전에 목표를 적기 위해 침대 옆에 늘 노트를 놓아둔다. 무의식에 목표가 스며들게 하고 더욱 확고한 의지와 확신을 통해 목표에 집중할 수 있다.

사무실에도 목표 노트를 하나 마련해두어 새로운 목표나 더 커진 목표를 적는다. '내 순자산은 1억 달러가 넘는다.', '나는 바닷가에 대출이 없는 아름다운 집을 갖고 있다.'와 같이 목표를 이미 달성한 것처럼 적는다. 이는 목표에 대한 긍정적 마인드 셋을 유지하고 동기 부여에 도움을 주고, 목표를 달성한 상태로 적음으로써 의식과 무의식 속에 목표를 이미 이룬 듯한 성취감을 심어줄 수 있다.

그는 목표를 자신의 사명이자 의무로 생각하는 것이 중요하다고 이야기한다. 목표가 당신에게 얼마나 중요하고 가치 있는지를 인식하면 행동에 더 많은 활력과 동력을 얻을 수 있다. 목표를 달성함으로써 당신이 이루고자 하는 사명과 의무에 도달한다는 인식을 가질 수 있을 것이다.

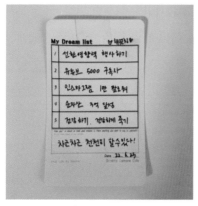 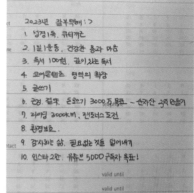

** 〈22년 6월에 적은 드림 리스트〉

드림 리스트를 적으면 인화해주는 이색 카페에서 적은 드림 리스트이다.

2022년 6월 25일에 적은 내용인데 3번 목표는 이루어졌고, 나머지는 진행 중이다.

책상 앞에 붙여놓았다.

** 〈플래너에 적은 새해 목표〉 플래너 첫 장에 목표를 적는다.

매일매일 플래너를 펼칠 때마다 상기시킨다.

4) 목표가 이루어질 것을 확신하라

목표를 반드시 이룰 수 있다고 확신하라. 당신은 목표를 반드시 이룰 수 있다. 당신을 망설이게 만드는 내면적 요인을 걷어내야 한다.

할 수 없다는 생각이 드는가? 불안해서 시작조차 못 하겠는가? 부분적으로 달성할 수 있는 작은 목표를 세우는 방법을 사용해보자. '한 달에 한 권 200페이지 분량의 책 읽기'로 정했다면, 일주일에 50페이지를 읽으면 되고 월요일부터 금요일까지 하루에 10페이지씩 읽으면 된다. 작은 목표 진행의 진전을 보며 자신에게 확신을 심어줄 수 있다. 목표를 달성하는 데 필요한 능력과 자원을 스스로 평가하고 부족한 부분을 보완하는 방법을 찾아보자.

목표 달성을 막는 내면의 걸림돌을 찾아내고 하나씩 제거해보자. 자신의 믿음을 강화하는 꾸준한 연습이 필요하다. 자기 비판적인 생각이나 제한적 믿음을 버리고 긍정적으로 무조건 할 수 있다고 확신해보자. 마음의 장벽을 허물고 잠재력을 인정하며 도전해나가는 자세가 가장 중요하다. 자기 신뢰와 긍정적인 마인드를 유지하며 꾸준한 실행과 조정을 통해 점진적인 발전을 이뤄나가자.

5) 미루지 말고 꾸준히 실행해라

성공하는 사람과 실패하는 사람의 차이는 실행력에 있다. '해리포터' 시리즈의 작가 조앤 롤링은 매우 가난한 싱글 맘이었고 유모차에 아기를 태우고 시끄러운 카페에 가서 해리포터 시리즈를 썼다. 그녀는 환경을 탓하지 않고 끈기를 가지고 실행에 옮겨 작품을 완성했다. 그녀의 상황보다 더 힘든 사람이 있을까? 이제 더 이상 환경을 탓하지 말고, 미루지 말고 실행해야 한다. 실행하지 않으면 결과로 절대 이어질 수 없고, 실패에 주저하면 목표에 다가갈 수 없다. 끈기를 가지고 끝까지 포기하지 말자. 목표를 위해 매일 행동하며 한 걸음씩 나아가면 어느새 목표에 도달해 있는 자신을 발견할 것이다. 끈기 있게 최선을 다하는 자세가 성공의 열쇠이다. 작은 목표나 일일 도전을 설정하고 그에 따라 행동해보자. 목표에 도달하기 위해 아무 생각 하지 말고 꾸준히 실행하자.

목표를 이뤘다면 자신에게 선물을 하자. 자신이 달성한 성과를 축하하고 보상하는 것은 자기 동기 부여에 큰 도움이 된다. 이를 통해 더 큰 목표를 세우고 다음 도전에도 임할 수 있다.

목표를 달성한 라이프 위너의 3가지 특징

첫 번째, 목표를 달성하는 과정을 즐긴다.

목표를 달성하는 데에는 많은 시간이 걸린다. 그 시간을 견디지 못하고 도중에 실패하거나 그만두는 사람이 많다. 목표를 달성한 사람의 특징은 과정을 즐기며 나아간다. 물론 즐거운 일들만 있지는 않다. 수많은 시행착오를 겪고 자신의 목표에 대한 확신을 찾아가며 부단히 노력해야 한다. 과정을 즐기며 목표를 향한 즐거운 여정이라고 생각하자.

두 번째, 목표를 이루기 위해 싫어하는 일도 기꺼이 감수한다.

목표 달성을 위한 과정이 좋아하는 일만 있지는 않다. 커피를 좋아해서 카페를 오픈했다고 해보자. 하기 싫은 청소, 어려운 세금 신고 등을 해야 한다. 좋아하는 일, 목표를 이루기 위해서는 싫어하는 일도 기꺼이 감수해야 한다. 그래야지만 목표를 이룰 수 있다.

세 번째, 매일 해야 할 일을 꾸준하게 한다.

목표는 이루고 싶다고 해서 뚝딱 이뤄지는 것이 아니다. 목표를 달성하기 위해서 꾸준히 반복해야 하는 일들이 있다. 에디슨은 1,000개가 넘는 발명 특허를 내기 위해 매일매일 발명 연구를 했다. 꾸준함을 이길 힘은 없다. 끝까지 포기하지 않고 하면 언젠가는 된다. 해야 할 일을 확인하여 '언젠가는 된다'라고 확신하며 매일 실행하자.

목표가 왜 필요한지, 목표를 어떻게 명확하게 하며, 목표를 달성한 사람들은 어떤 특징을 가졌는지 살펴보았다. 체계적으로 목표를 정하고 그것을 적어두는 것은 실제로 성과를 향상할 수 있다. 목표에 몰입하게 되고 어떤 일을 먼저 해야 하는지 우선순위가 결정되고 실행에 옮기게 된다. 당신의 목표를 정해 차근차근 나아가자. 성과가 당장 나오지 않아도 끈기를 가지고 임하자. 당신은 이미 목표지향적인 사람. 목표를 달성하며 성공을 이뤄갈 라이프 위너이다.

** 〈미라클모닝 48챌린지〉 매일 새벽 시간에 해야 할 일의 우선순위를 공유하며 하루를 시작한다. 기록을 통해 목표를 명확히 하고 매일 해야 할 일을 꾸준히 실행하면 목표에 다가갈 수 있다.

좋은 습관이 쌓여 승리를 만든다

나쁜 습관을 버리고 좋은 습관을 지녀야 한다.
오늘 그릇된 한 가지 습관을 고친다는 것은 새롭고 강한 성격으로 출발한다는 것을 의미한다.
새로운 습관은 새로운 운명을 열어줄 것이다.

- R. M 릴케 -

습관의 힘, 삶을 바꾸는 작은 변화

책 『아주 작은 습관의 힘』에서 제임스 클리어는 "인생은 대개 습관으로 결정되며, 좋은 습관은 우리를 성장시키지만, 나쁜 습관은 우리를 쓰러뜨린다."라고 말한다. 인생은 습관으로 결정된다. 우리의 인생을 멋지게 만들기 위해서는 좋은 습관을 많이 만들어야 한다. 우리를 쓰러뜨리는 나쁜 습관을 그대로 보고만 있어서는 안 된다.

우리가 가지고 있는 습관이 조금씩만 바뀌면 다른 삶을 살 수 있다. 나의 정체성과 성과는 습관이 모여서 이루어진 것이다.

좋은 습관을 만들기 위한 3가지 방법

첫 번째, 동기확인.

왜 해야 하는지 이유를 생각해보자. 좋은 습관을 형성하기 위해서는 습관을 실행하는 이유와 그로 인해 얻을 수 있는 이점을 명확히 이해하는 것이 중요하다. 동기가 강력하면 꾸준하게 습관을 유지하고 발전시킬 수 있다. 예를 들어, 운동 습관을 형성하려면 '운동을 하면 체력이 향상되고 멋진 몸매를 만들 수 있다'는 이유를 생각해볼 수 있다. 운동을 지속할 뚜렷한 이유가 생기면 습관으로 만들 수 있다.

두 번째, 체계화.

작게 시작해서 습관을 정착시켜보자. 큰 목표를 세운 후, 작은 단계부터 시작하여 습관을 체계화하는 것이 좋다. 작은 변화를 일과에 조금씩 추가해가면서 습관을 형성해보자. 미라클모닝을 통해 새벽 시간을 활용하기로 마음먹었다면 평소 일어나는 시간보다 30분 일찍 일어나서 점진적으로 기상 시간을 앞당겨본다. 작은 변화를 반복하고 일관되게 실행함으로써 습관을 천천히 정착시킬 수 있고 작은 습관은 큰 목표를 달성할 수 있도록 도와주는 역할을 한다.

세 번째, 자동화.

습관을 자동으로 실행할 수 있도록 '트리거'를 설정한다. 트리거는 습관을 시작하기 위한 신호나 상황을 의미한다. 특정 시간, 장소, 사건 또는 기타 환경 요소를 트리거로 활용하여 습관을 자동화할 수 있다. 예를 들어, 운동 습관을 형성하려면 퇴근하자마자 헬스장에 가는 것이 트리거가 될 수 있다. 트리거를 설정하면 습관을 자동으로 실행하게 되어 에너지를 절약하고 꾸준하게 습관을 유지할 수 있다.

** 〈트리거 설정-책〉 잠자기 전 책을 읽기 위해 침대 위 머리맡에 책을 둔다.

** 〈트리거 설정-운동복〉 매주 월요일마다 일주일 분의 운동복을 준비해둔다.

마음에 드는 운동복을 사두면 운동복이 입고 싶어서라도 운동을 하게 된다.

습관으로 정착하고 싶은 행동이 있다면 위에 언급된 세 가지 좋은 습관 만드는 방법(동기 확인, 체계화, 자동화)을 대입하여 습관으로 정착할 수 있도록 해보자. 좋은 습관이 당신을 목표 달성을 돕고 성공의 길로 안내할 것이다. 좋은 습관을 하나씩 만듦과 동시에 나쁜 습관을 하나씩 버리는 연습을 해보자.

라이프 위너가 지닌 좋은 습관 3가지
1) 자신을 신뢰하게 하는 습관
2) 생산성이 높아지는 습관
3) 일상으로 정착되는 습관

좋은 습관은 다음과 같은 특징을 가지고 있어 당신의 삶을 보다 생산적이고 보람차게 만들어주고, 끊임없이 도전하게 할 원동력이 될 것이다.

첫 번째, 자신을 신뢰하게 해준다.

좋은 습관을 형성하면 우리는 계획을 세우고 그 계획을 일관되게 실행하는 경험을 하게 된다. 운동을 하는 습관을 형성하면 매일 헬스장에 가게 된다. '나도 매일 운동을 한다는 좋은 습관이 정착되었구나', '나도 한다면 하는 사람!'이라는 생각이 들고 스스로에 대한 신뢰와 자신감이 축적된다. 습관을 유지하고 성취할 수 있는 능력을 갖추게 되면, 자신의 가능성을 믿고 꾸준히 도전할 수 있다.

두 번째, 생산성이 높아져 목표를 빠르게 이룰 수 있다.

습관을 통해 우리는 효율적인 방식으로 일을 처리하고 시간을 관리할 수 있게 된다. 반복적인 행동을 습관으로 정착시키면 에너지를 소모하지 않고도 원하는 행동을 꾸준히 수행할 수 있다. 이를 통해 목표에 도달하기 위해 더 많은 시간과 에너지를 투자할 수 있고, 높은 생산성과 성취를 이룰 수 있다.

새벽 기상이 습관으로 정착했다면, 어려움 없이 새벽이 일어날 수 있고, 생산적인 시간을 보낼 수 있다. 새벽 기상에 많은 에너지를 쓰지 않아도 되고 다른 생산적인 일에 그 에너지를 사용할 수 있다. 새벽 시간을 이용해 원하는 목표를 이루기 위한 공부나 활동을 할 수 있다. 좋은 습관은 당신을 보다 더 빠르게 목표 달성을 할 수 있도록 돕는다.

세 번째, 습관으로 정착하면 쉽게 할 수 있다.

초기에 습관을 형성하는 단계에서는 의지력과 노력이 필요하다. 그러나 습관이 확실히 자리 잡으면 행동이 '자동화'되어 부담 없이 수행할 수 있고 행동에 관한 결정을 다시 하지 않아도 된다. 이는 우리의 의지력을 절약하고 일상에서 자연스럽게 원하는 행동을 실행할 수 있는 편리함을 제공한다. 좋은 습관을 지속하면 당신의 목표는 반드시 이루어진다. 매일매일 당신의 습관이 차곡차곡 쌓여 결과를 향해 한발 한발 나아가고 있음을 기억하자. 꾸준히 유지하고 있는 습관은 당신의 자산이 될 것이다. 그리고 습관의 과정을 꾸준히 기록해보자. 점진적으로 발전하는 당신의 모습을 확인할 수 있을 것이다. 의심하지 마라. 스스로 습관을 조정하고 목표에 대입시켜보면서 보완과 수정을 통해 누구보다 빠르게 목표 달성을 이뤄나가자.

** (윗줄부터, 왼쪽에서 오른쪽으로) 좋은 습관과 자기관리.

〈정기적인 건강검진〉 2년에 한 번씩 정기 건강검진을 통해 건강을 관리한다. 1년에 한 번 스케일링과 치과 검진도 잊지 않는다. 치간칫솔과 치실을 통해 평소에도 꾸준히 관리한다.

〈수면 시간〉 하루에 7시간은 꼭 잔다. 수면하는 동안 성장호르몬이 나와 세포가 재생된다. 오장육부도 충분히 쉴 시간이 필요하다. 수면의 질을 위해 잠자기 전 3시간은 공복 상태를 유지한다.

〈주 3회 자전거 출퇴근〉 교통체증도 없고 하루를 활기차게 시작할 수 있다. 2022년에는 131회 자전거 출퇴근을 했다.

〈주 6회 운동〉 월, 수, 금 헬스장, 화, 목 필라테스, 토, 일 자전거 타기. 최근에 시작한 테니스는 매주 월요일마다 하고 있다.

〈독서 습관〉 매일 새벽과 자기 전, 일상에서 틈틈이 책을 읽는다. 장소마다 읽는 책이 다르다. 새벽에는 자기 계발, 경제 관련 책을, 취침 전, 회사 점심시간에는 에세이나 산문, 소설을 읽고, 이동시간에는 오디오북을 듣는다.

〈그 밖의 자기관리〉

단정한 용모 : 머리카락은 주기적으로 미용실에 가서 단정하게 관리한다. 피부 보습 관리를 위해 주기적으로 홈케어를 한다. 손톱 관리, 피부 보습 관리, 눈썹 정리를 한다.

늘 바른 자세 하기 : 짝다리 짚지 않기, 다리 꼬지 않기, 턱을 괴고 있지 않기, 의자에 앉을 때는 엉덩이 깊숙이 앉기, 허리와 어깨를 펴고 당당한 자세 취하기

나를 라이프 위너로 만든 문장들

좋은 습관을 만드는 것은 왜 어려울까. 그것은 눈앞에 있는 보상과 나중에 얻는 보상이 모순되기 때문이다.

— 『나는 습관을 조금 바꾸기로 했다』, 사사키 후미오, 쌤앤파커스

66

좋은 습관은 바로 결과로 나타나지 않는다. 꾸준히 지속해야만 결과로 나타나기 때문에 나를 포함해 많은 사람이 좋은 습관을 만들기를 무척 어려워한다. 미래의 멋진 보상을 위해 좋은 습관을 유지하려 노력해봐야겠다.

99

상상만으로 가슴이 뛴다면, 지금 도전하라

가치 있는 것을 하는 데 있어서
늦었다는 건 없다.

— 영화 〈벤자민 버튼의 시간은 거꾸로 간다〉 중에서 —

나의 열정을 발견하라!

인생에서 중요한 것 중 하나는 자신이 좋아하는 일을 찾는 것이다. 좋아하는 일을 찾으면 열정과 목표가 생기고 더 큰 성공을 이룰 수 있을 뿐 아니라 삶 자체의 만족도가 높아진다. 그러나 많은 사람은 좋아하는 일이 무엇인지 잘 모른다. 딱히 하고 싶은 것도 없고 이루고 싶은 것도 없다고 말한다.

좋아하는 일, 하고 싶은 일을 찾아야 목표도 세울 수 있고 습관으로 정착해나갈 수 있다. 당신이 아직 가슴 뛰는 일을 찾지 못했다면 아래의 세 가지 방법을 통해 차근차근 찾아보자.

가슴 뛰는 일을 찾는 3가지 방법

첫 번째, 자기 탐색을 통해 가슴 뛰는 일을 찾아라.

결국 가슴 뛰는 일을 찾는 것은 자신과 마주하는 것에서 시작된다. 자신과 마주하며 좋아하는 일, 잘하는 일, 오래 할 수 있는 일을 나열해보자. 자기 탐색을 통해 자신의 관심사, 장점, 성격, 가치관 등을 돌아보는 시간을 가져보자. 당신은 어떤 일에 열정을 가지고 시간을 갖는 것이 가장 행복한가? 즐겁게 할 수 있는 일은 무엇인가? 어떤 활동을 할 때 시간이 빨리 흐르는가? 어떤 도전에 흥미를 느끼고 지속할 수 있는지 생각해보자.

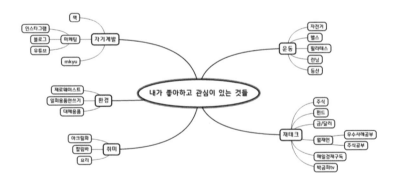

** 〈내가 좋아하고 관심이 있는 것들〉 마인드맵을 통해 내가 좋아하고 관심이 있는 것들에 관해 나열해보자. 생각지도 못한 곳에서 가슴 뛰는 일을 찾을 수 있다.

두 번째, 다양한 경험을 쌓아라.

가슴 뛰는 일을 찾기 위해서는 여러 경험을 해보는 것이 중요하다. 내가 뭘 좋아하는지 모르겠다면, 어쩌면 내가 좋아할 수도 있을 법한 일들을 하나씩 해보자. 예를 들어 이것저것 손으로 만드는 일에 재미를 느낀다면 DIY 재료를 사서 만들어보자. 직접 경험을 해보면서 내가 좋아하는 일인지 오래 할 수 있는 일인지 판단해본다. 하고 싶은 일이 꼭 직업이 될 수는 없지만, 가슴 뛰는 일이고 지속하고 싶다면 전문적으로 공부하여 수익화로 이어지게 할 수도 있다.

관심 분야의 인턴십이나 일시적인 프로젝트, 자원봉사 등을 통해 경험을 쌓아보는 방법도 있다. 일시적 참여이기에 부담이 없고 나중에 좋은 기회를 얻을 수 있는 계기가 될 수 있다.

세 번째, 다양한 분야의 종사자와 이야기 나눠라.

다양한 경험에는 한계가 있을 수 있다. 그럴 때는 다양한 분야 혹은 내가 관심 있는 분야에서 일하고 있는 종사자와 이야기를 나눠보는 것도 좋다. 새로운 아이디어와 관점을 얻을 수 있을 것이고 해당 분야에 대한 지식과 종사자의 경험담을 통해 나와 맞는 직업인지 먼저 판단해볼 수 있다. 관련 분야의 행사나 모임, 포럼 등에 참석하여 정보를 얻고 이야기를 나눠보는 것도 좋다. 이를 통해 자신에게 적합한 일에 대한 통찰력을 얻을 수 있다.

가슴 뛰는 일은 자판기처럼 뚝딱 나오지 않는다. 인내심을 갖고 자신과 마주하는 시간을 충분히 가지면서 고민해보자. 무엇이 자신에게 맞는지 발견하기 위해서는 탐색시간과 시행착오가 필요하다.

자신을 위한 가슴 뛰는 일에 망설임 없이 도전하라

고민과 인내 끝에 가슴 뛰는 일을 찾았는가? 죽기 전에 꼭 해보고 싶은 일. 상상만으로도 가슴이 뛰는 일이 있다면 지금 도전해보자.

나는 하고 싶은 건 많았지만 경제적으로 그것을 할 여건이 되지 않았기 때문에 차근차근 경험을 쌓았다. 공부에 대한 갈망으로 야간대학에 진학했다. 그 당시의 나에게는 대학 공부가 가슴 뛰는 일이었다. 그 후에는 여건이 될 때마다 해보고 싶은 일들을 하나씩 해봤다. 사진 찍는 게 좋아서 스냅사진 일을 잠깐 했고, 캔들 만드는 일이 재밌어 자격증과 안전 인증을 취득해 스마트 스토어에서 판매했다. 온라인 마케팅에 관심을 가져 마케팅 대행 업무도 해봤다. 꾸준한 기록 덕분에 인연이 닿아 90만 회원이 활동 중인 '월급쟁이 재테크 연구 카페'에서 수익화 강의를 하고 있고, 열심히 키워놓은 인블유(인스타그램, 블로그, 유튜브)에서는 가만히 있어도 광고 수익이 들어오고 관련 분야의 제품 협찬과 원고료 제안이 매일매일 들어오고 있다.

처음 사회생활을 시작하고 나는 단지 돈을 벌기 위해서 적성에 맞는지 생각해볼 겨를도 없이 일하게 되었고 그 일은 나와 맞지 않았다. 좋아하지 않는 일을 하면서 보냈던 시간은 돈은 벌 수 있었지만, 가슴이 뛰는 시간은 아니었다. 그 후에 여러 경험을 통해 나는 누군가를 돕고 가르쳐주는 일이 가슴 뛰는 일이고 보람을 느낀다는 것을 알게 되었다. 다른 사람에게 선한 영향력을 나눠 주고 모두가 잘 사는 세상을 살도록 돕는 것. 가슴 뛰는 일을 계속하기 위해서 나는 지금도 꾸준히 배우면서 성장하고 있다.

뉴질랜드의 소설가 캐서린 맨스필드는 "망설이지 마라. 모험하라! 위험하다고 힘들다고 물러서지 마라. 무엇이든 도전해보고 거기에서 삶의 참맛을 느껴라. 다른 사람의 의견이나 주장에 끌려다니는 것은 의미 없는 소모일 뿐이다."고 말한다.

가슴 뛰는 일은 마음속에서 우러나와야 한다. 다른 사람의 의견이나 주장에 끌려다니면 내가 행복을 누릴 수 없다. 스스로 고민하고 찾아보자. 내가 좋아하는 분야에서 즐겁게 일하며 좋은 영향력을 끼치는 당신의 모습을 상상해보라. 상상한 것만으로도 이룬 것이나 다름없기에 즐거운 상상은 수시로 하는 것이 좋다. 꼭 한 가지만 좋아할 필요는 없다. 여러 가지를 도전해보라. 도전해보면 그 안에서 참된 나를 만날 수 있다. 잠재력을 발휘하고 내면의 확장을 통해 즐겁게 일하고 파생되는 것들을 통해 새로운 인사이트도 얻고 인정받으며 즐겁고 나답게 일할 수 있다.

** 〈스냅사진(왼쪽)〉 웨딩 스냅 촬영을 했다. 가장 행복한 날 멋진 사진을 남기는 일에 행복을 느끼는 활동이었고, 생각보다 힘이 들어 체력을 키워야겠다는 동기가 생겼다.
〈캔들 만들기(가운데)〉 캔들을 만드는 일이 너무 재미있어 '아로마 캔들 지도사' 자격증을 취득했고 스마트 스토어에서 판매도 했다.
〈유튜브 수익 창출 조건 충족(오른쪽)〉 구독자 1,000명, 시청 시간 4,000시간을 넘게 되면 수익 창출 조건에 충족하게 된다. 현재 광고 수익을 얻고 있다.

나를 라이프 위너로 만든 문장들

사람들은 불확실성에 대한 두려움 때문에 의사결정을 방어적으로 회피하거나 필요 이상의 정보를 수집하며 시간을 끄는 경향이 있다

— 『90년생이 온다』, 임홍택, 웨일북

> 무언가를 하기로 했다면 두려워하지 말고 즉시 실행해야 한다. 회피하고 시간을 끌게 되면 제대로 된 의사결정을 할 수 없고 목표 달성은 흐지부지될 수밖에 없다. 나는 늘 두려운 마음을 가졌던 것 같다. 지금은 결정했으면 뒤돌아보지 않고 바로 실행에 옮기게 되었다.

실패가 쌓여 당신의 경력이 된다

장애물을 만나면 이렇게 생각하라. '내가 너무 일찍 포기하는 것이 아닌가?' 실패한 사람들이
'현명하게' 포기할 때, 성공한 사람들은 '미련하게' 참는다.

− 마크 피셔 −

역경에 무너진 사람이 아니라
역경을 딛고 마침내 성공한 사람이 되라!

어떤 목표를 이뤄나가다 보면 막연하게 결과가 보이지 않기에 조금 하다가 포기해버리는 경우가 많다. 지구력이 좋아야 한다. 꾸준히 끝까지 노력하면 반드시 된다.

우리는 김고 긴 역경과 고난을 딛고 마침내 성공한 사람들의 사례를 많이 접하게 된다.

tvN 〈유퀴즈 온 더 블록〉에서 국민 MC이자 개그맨 유재석의 데뷔 30주년 방송을 했다. 그의 무명 기간은 무려 9년이었다. 무명 시절 촬영 하루 전날 캐스팅이 취소되기도 했다. 자신을 써주는 곳이 없었다.

"하루하루 열심히 살았거든요. 방송이 너무 안 되고 하는 일마다 어긋나고. 정말 간절히 기도했습니다."
— tvN 〈유퀴즈 온 더 블록〉 중에서

유재석이라고 9년 뒤 10년 뒤에 스스로가 잘될 것이라고 알고 있었을까? 그에게는 절실함이 있었고 하루하루 충실하게 살고 희망을 품고 열심히 노력하며 할 수 있는 일에 최선을 다했을 것이다. 자신에게 언제 올지 모르는 기회를 기다리며 치열하게 버티고 겸손하게 버텼다.

당신은 실패가 두려운가? 사실 실패보다 더 두려운 건 내가 실패했을 때 주변 사람들의 시선과 수군거림일지도 모른다. 나 역시 주변 사람 시선을 상당히 신경 쓰는 편이다. 실패하면 수치심이 들기 때문에 도전을 꺼렸다. 사람들이 나를 비웃으면 어떡하지. 창피한데. 쥐구멍에 숨고 싶은 심정 공감할 것이다.

살면서 무수히 많은 실패를 거듭했다. 이거 했다 저거 했다 진득하니 제대로 해온 게 없었다. 덜렁거려서 물건을 자주 잃어버렸다. 사람과의 관계가 서툴러서 관계를 지속하지 못했고, 의견을 표현하지 못해 끌려다녔다. 전문가라는 사람들의 말을 곧이곧대로 믿고 잘못된 선택을 하여 금전적 손해를 봤었고, 작심삼일로 버려진 플래너도 수두룩했다. 운동도 작심삼일로 끝났으며 목표한 바를 이루지 못한 일들도 아주 많다. 매년 얼마씩 모아야지 하고 실패로 돌아가고 두껍고 어려운 책을 읽으려고 샀다가 끝내 읽지 못하고 되팔기도 했다. 서른 군데 넘는 곳에 이력서를 넣고 면접을 봤지만 좋은 결과로 이어지지 못했다. 일머리가 없다고 늘 혼났으며, 고객에게 불만 신고를 당해 성과급도 못 받았다.

안타깝게도 이번에는
모시지 못하게 되었습니다.
많은 관심에 감사 드립니다.

애드포스트

미디어 등록이
보류 되었습니다

안녕하십니까. 저희 출판사에 소중한 원고를 보내주셔서 진심으로 감사드립니다.

출간을 제안해 주신 원고와 관련해 답변을 드리고자 합니다.

보내주신 원고는 편집 팀 전원이 검토하고, 내부 회의에서 출간 여부를 논의했습니다.

그 결과 아쉽게도 본 원고는 저희 출판사의 방향과는 맞지 않아 출간이 어렵다고 판단하게 되었습니다.

출간을 반려하게 되어 유감이고, 부디 뜻이 맞는 파트너를 만나 좋은 책으로 출간하시기를 기원하겠습니다.

다시 한번 저희 출판사를 믿고 투고해 주신 것에 깊이 감사드리며 다음에 더 좋은 기회로 만나 뵙게 되기를 바랍니다.

선생님의 건필을 기원하겠습니다.
감사합니다.

** (윗줄부터, 왼쪽에서 오른쪽으로) 무수한 실패 이력들.

〈브런치 작가 신청 실패〉 브런치에 글을 쓰고 작가 신청을 했지만 반려됐다.

〈네이버 애드포스트 미디어 등록 실패〉 네이버 블로그에 광고를 삽입하는 애드포스트를

신청했으나 보류됐다. 그 후 양질의 포스팅을 업로드하고 꾸준히 관리하여 승인받았다.

〈원고 투고 실패〉 책을 쓰고 싶어 여러 출판사에 투고했으나 번번이 실패하였다.

하지만 포기하지 않고 계속 글을 쓰고 투고하여 책을 출간하게 되었다.

결국 포기하지 않고 역량을 쌓으며 꾸준히 하면 반드시 성공하게 되어 있다.

실패로부터 내공과 힘을 얻어라

실패를 두려워하지 말자. 실패가 쌓여 당신의 경력이 된다. 주변 사람의 시선을 신경 쓰지 말자. 실패 이력을 많이 쌓아보고, 실패한 목록을 쭉 기록해보자. 실패를 했다는 건 그만큼 당신이 도전을 많이 했다는 증거다. 비록 실패했어도 경험과 내공이 쌓이고 성장과 배움의 기회를 얻을 수 있다. 지금까지 당신이 열심히 살아왔다는 이력이다.

경험은 돈을 주고 살 수 없다. 경험을 많이 한 사람은 위기 상황에 대처할 수 있는 능력이 뛰어나다. 실패 경험이 쌓여 얻게 된 남다른 내공으로 여러 가지 일들을 막힘 없이 해내는 사람을 나는 수없이 봐왔다.

미국 전 농구선수 마이클 조던은 "나는 실패를 받아들일 수 있다. 모두가 무언가에 실패하기 때문이다. 하지만 난 시도도 하지 않은 것은 받아들일 수 없다."라고 말했고 17세기 아일랜드의 극작가 조지 버나드 쇼는 "나는 젊었을 때 10번 시도하면 9번 실패했다. 그래서 10번씩 시도했다."라고 말한다.

계속 시도하고 성공도 하고 실패도 해보자. 실패를 딛고 일어서면 나만의 내공과 힘이 생긴다. 실제로 경험해보지 못한 사람들은 알지 못한다. 이 힘을 따라잡을 수 없다. 그래서 나는 당신이 하루라도 빨리 젊은 나이에 역경도 마주해보고 실패해보기를 진심으로 바란다. 실패는 당신의 가장 큰 자산으로 남게 될 것이다. 빨리 실패해보고 실패를 통해 많은 것을 경험하고 그것을 주변 사람들에게 널리 공유하기를 바란다. 당신의 삶을 그들에게 보여주는 것이다. 모든 실패에는 다 의미가 있고 이유가 있다. 내공이 가득 차지 않았는데 일찍 이른 나이에 성공하는 것이 결코 좋은 것이 아니다. 인생의 참된 의미를 모른 채 성공해서 부를 거머쥐게 되면 그 부를 누릴만한 그릇의 크기가 되어 있지 않아 마약이나 도박 등 나쁜 짓에 부를 사용하게 될 수 있다. 자신에게 집중하고 진지하게 접근하고 실패를 통해 내공을 쌓아야지만 나의 가치를 제대로 알고 돈도 제대로 된 곳에 효율적으로 사용할 수 있다. 실패 이력이 쌓이면 당신은 곧 성공하게 되어 있다.

인내심을 가지고 꾸준하게 끈기 있게 성공을 향해 돌진하라. 성공을 보장하는 방법은 자주 실패하는 것 그뿐이다. 사색과 기록을 통해 필요한 것들과 해야 할 일들을 기록하며 목표를 수정하고 보완하며 나아가라. 위대한 사람들은 모두 무한한 인내심이 있다. 힘이 약하고 인내심이 강한 사람은 힘이 강하지만 조급한 사람을 반드시 이기게 되어 있다. 실패가 쌓여 당신의 멋진 경력이 될 것이다. 미리 기대하며 나아가라. 실패를 거듭하며 이미 성공자의 반열에 들어와 있다고 강하게 확신하라. 당신은 이미 성공자이다.

나를 라이프 위너로 만든 문장들

길을 찾지 마세요. 그냥 하던 일을 계속하시면 되는 겁니다.

— JTBC 드라마 〈대행사〉 중에서

"

길이 없으면 길을 만들어야 한다고 당연히 생각하는 것 같다. 하던 일이 계속해서 잘되면 그것이 길이 되는 것이기에 굳이 길을 처음부터 만들 필요는 없겠구나. 나를 믿고 성공이든 실패든 그냥 해보면 되겠다고 생각해본다.

"

위너의 사고로 전환하라

승자가 즐겨 쓰는 말은 '다시 한번 해보자'이고
패자가 즐겨 쓰는 말은 '해봐야 별수 없다'이다

− 탈무드 −

부정적인 생각과의 싸움, 성공을 위한 긍정의 힘

『비상식적 성공법칙』의 저자 간다 마사노리는 "사람은 멍하니 있으면
자신도 모르는 사이에 부정적인 생각을 하는 동물이기 때문에 성공한 사
람들의 긍정적인 오디오를 수시로 들을 것을 추천한다."라고 말한다. 그
의 말처럼 우리는 부정적인 생각이 하루에도 몇 번씩 스멀스멀 찾아오게
된다. '된다'는 생각보다는 '안 된다'는 생각이 먼저 든다. '이게 과연 잘될
까?' '되는 거야 마는 거야.' '난 못할 것 같아. 너무 힘들어.' '불가능해. 안

돼.' 이러한 말들은 나의 인생의 성장에 하나도 도움이 되지 않는다.

라이프 위너의 3가지 사고방식
1) 창의적이고 긍정적이다

세상은 도전과 역경으로 가득한 곳이다. 언제까지 인생의 루저로 살아갈 것인가? 진정한 위너는 어떤 상황에서도 긍정적인 태도를 유지하며 성공을 향해 나아간다. 위너가 가진 사고방식에 대해 알아보자.

첫 번째, 위너는 창의적이고 긍정적인 사고를 지니고 있다.

현대그룹 창업주 정주영 회장은 서산 간척지 사업을 맡게 되었다. 방조제로 물을 막는 '물막이 공사'를 해야 하는데 최고 8m의 무서운 급류가 흘러 남은 270m에 방조제를 쌓을 수가 없었다. 자동차만 한 바위를 넣어도, 돌망태기를 넣어도 소용이 없었다. 그의 머릿속에 떠오른 아이디어는 고철로 쓰려고 30억에 산 스웨덴 배, '워터 베이 호'였다. 폭 45m, 높이 27m, 길이 322m, 23만 톤급이면 충분하다고 판단한 그는 '워터 베이 호'로 막아두고 메우면 어떨까 하는 아이디어를 냈고, 결과는 대성공이었다. 이 유조선 공법으로 공사비를 290억 원 절감했다. 이 공법은 '정주영 공법'이라고도 불리며 『뉴스위크지』와 『타임지』에 소개되었다.
(참고 : 『이 땅에 태어나서 정주영』, 정주영, 솔출판사)

그들은 문제를 최종적인 결과라 생각하지 않는다. '이것은 바꿀 수 있어'라고 생각하고 실제로 바꿔나간다. 기발하고 탁월한 사고방식으로 문제 해결을 힘쓴다. 정주영 회장은 창의적 발상을 가지고 정면으로 맞섰고 남들이 안 될 것 같다는 말에도 굴하지 않고 자신의 소신대로 밀고 나갔다.

위너는 발생한 문제를 중립적 상황으로 바라보고 긍정적인 방향으로 바꿔나가는 힘을 가지고 있다. 모든 상황을 기회가 생겼다고 생각하며, 결과의 여부와 상관없이 상황 속에서 좋은 점과 배울 점을 찾는 지혜로운 사람이다. 과정에 초점을 맞추고 실패를 통해 성장하고 배움의 기회라 여기며 창의적인 아이디어와 해결책을 찾는다.

2) 남들과는 다르다

생각의 전환을 통해 남들과는 다른 사고를 한다. IBM의 창립자 토머스 왓슨은 간부의 실수로 회사가 1,000만 달러의 손실을 보게 된다. 간부는 자신이 해고될 것으로 생각해 사직서를 제출하려 했다. 그때 그는 이렇게 말했다.

"내가 당신을 해고한다고요? 당신을 교육하는 데 방금 1,000만 달러나 투자했는데요? 말도 안 되는 소리 하지 말아요"

(참고 : 〈한국일보〉 "[단상] 마음의 그릇", 2020.09.23.)

그는 문제를 침착하게 판단했다. 인간은 실수를 통해 배우고 성장함을 알기 때문에 생각의 전환을 통해 간부를 해고하지 않았고 교육비로 투자했다고 받아들였다.

위너는 평상시 말을 할 때도 생각의 전환을 한다. 말과 단어의 선택에도 힘이 있다는 것을 알기에 자신의 성장에 도움이 되는 긍정적인 언어와 말을 사용하는 것이 습관화 되어 있다.

다음과 같은 부정의 언어를 긍정의 언어로 바꾸는 연습을 해보자.

'나는 할 수 없어' → '나는 할 수 있다.'

'이 문제를 어떻게 해결하지?' → '이 상황을 어떻게 바꿀 수 있을까.'

'난 왜 이렇게 잘하는 게 없을까?' → '나의 역량을 키우려면 무슨 공부를 하면 좋을까. 나는 무엇을 좋아하는 사람이지?'

'만약 실패하면 다시는 극복하지 못할 것이다.' → '나에게 실패란 없다. 만약 실패해도 나는 실패를 기회 삼아 성공에 한 걸음 더 다가갔을 것이다.'

부정적인 말에 사로잡히면 우리의 무의식조차 부정적으로 바뀌게 된다. 부정적인 생각이 올라와도 긍정의 언어로 바꿔 말한다면 아무리 어렵고 큰 문제를 맞닥뜨리더라도 해결할 수 있는 지혜가 생길 것이다.

생각의 전환

- 비가 와서 꿉꿉하다 → 그동안 계속 가뭄이었는데 농사 하시는 분들은 한숨 돌리겠다.

- 출근 시간 지옥철이 너무 괴롭다 → 출근을 일찍 해서 편하게 출근하고 근무 전까지 자기 계발을 한다.

- 버스를 놓쳤어 → 조금 더 걸어가서 지하철을 타면 돼, 걷기 운동을 할 수 있었다.

- 한 달에 xx만원 밖에 벌지 못해서 저금을 못해 → 소비 패턴을 점검하면 충분히 돈을 모을 수 있어

- 대단한 무언가가 있어야 유튜브를 할 수 있는 것 아냐? → 일상 속에서 나의 스토리를 올려주는 것으로도 구독자를 많이 가진 채널이 많아

- 나는 내세울 게 없어 → 하지만 여기까지 왔잖아. 너와 비슷한 상황인 사람들에게 너의 이야기를 들려줘

- 체지방률이 28%나 돼 → 열심히 운동하면 돼, 오늘이 너의 before 가 될 거야

** 〈생각의 전환〉 생각의 전환을 통해 조금만 다르게 생각해보면

　　다양한 기회와 아이디어를 얻을 수 있다.

** 〈회전근개 부상〉 무리한 운동으로 회전근개를 다쳤는데 당장 운동할 수 없어 낙심했지만

　　그만큼 내 몸을 아끼고 준비운동에 대한 중요성을 깨닫는 생각의 전환을 할 수 있다.

3) 목표지향적이다

　앤절라 더크워스의 책 『그릿』에서 미국의 기업인이자 투자자 현 버크셔 해서웨이의 최대 주주이자 회장, 워런 버핏의 우선순위를 정하는 3단계에 관한 이야기가 나온다.

　1. 직업상 25개의 목표를 쓴다.

　2. 자신을 성찰하며 그중 중요한 목표 5개에 동그라미를 친다.

　3. 동그라미를 치지 않은 20개의 목표를 찬찬히 살핀다. 그 20개는 당

신이 무슨 수를 써서라도 피해야 할 일이다. 당신의 신경을 분산시키고 더 중요한 목표에서 시선을 앗아갈 일이기 때문이다.

25개의 목표를 떠올리는 것은 생각보다 쉽지 않다. 그만큼 골똘히 생각해야 하는데 생각하면서 자신에 대해 더 생각해보게 되는 계기가 된다. 가장 중요한 것 5개를 고를 때에도 내가 진심으로 추구하는 목표를 알아야 축약을 할 수 있다.

그는 실천하기 위한 계획을 세우고, 나머지 20개는 피하라고 말한다. 중요한 것에 초점을 맞추고 목표 달성을 위해 정진하라는 것이다.

위너는 남다른 생각을 하며 자신만의 원하는 모습이 있다. 명확한 목표와 그에 따른 계획을 철저히 세우고 실행해나간다. 목표지향적인 사고는 어떤 장애물도 극복하는 힘을 가지고 있고 라이프 위너를 향한 길을 개척하는 원천이 된다. 나만의 잠재력을 믿고 자신 있게 목표를 향해 나아가는 사고를 해보자.

위너의 사고는 저절로 만들어지지 않는다. 살아가며 온갖 부정적 사고와 싸워 이겨야 하며 무의식 속에 긍정적인 생각을 담는 훈련을 해야 한다. 위너의 사고방식은 당신의 목표를 더욱 더 빠르고 분명하게 이루어줄 것이다. 창의적이고 지혜롭게 사고하는 라이프 위너가 되어보자.

나를 라이프 위너로 만든 문장들

모든 일이 그래, 항상 네가 먼저야. 네가 아무것도 아니라고 생각하면 아무것도 아니야.

– tvN 드라마 〈나의 아저씨〉 중에서

"

난 항상 별것 아닌 문제도 크게 부풀려왔던 것 같다. 아무것도 아니라 생각하면 아무것도 아니게 되는 것. 문제를 대수롭지 않게 받아들이는 지혜를 가진다면 문제가 바로 해결될 수 있게 만들 수 있지 않을까 생각해본다. 내가 먼저라고 생각해야겠다.

"

라이프 위너가 말한다! Life winner says…

"버킷리스트를 이루었다!"

책 출간은 내 버킷리스트 중 하나다. 사실 굉장히 얼떨떨 하다. 원고 탈고를 하면서 책은 아무나 내는 게 아니라는 생각과 마감 기한이 있는 모든 작가, 기자, 편집장님들께 존경을 표한다. 전문적으로 책을 쓰던 사람이 아니었기 때문에 글쓰기 능력이 많이 부족하다는 생각을 했고, 많은 분들에게 도움을 받았다. 부족하지만 책을 통해 내가 하고 싶은 이야기가 독자님들께 잘 전해졌으면 좋겠다.

에필로그

왜 라이프 위너가 되어야 하는가?

내 삶의 주인으로 인생의 승리자로 살아가기 위함이다. 내 삶의 주인이 되기 위해서는 나의 몸과 마음을 다스릴 줄 알아야 한다. 기록을 통해 나만이 가질 수 있는 탁월함을 발견해내고 나만의 역량을 키워 부를 이루고 삶의 주인이 되어 행복한 삶을 영위해야 한다.

내 삶은 줄곧 맨땅에 헤딩하는 인생이었다. 멘토가 없었고 주변 사람들 그 누구도 도움을 구할 사람이 없었다. 인생이 재미가 없고 돈을 벌기 위해 일하는 로봇 같았다. 좋아하는 일이 뭔지도 모르겠고, 삶의 의미를 찾을 수 없고, 몸은 여기저기 아프고, 돈은 없고, 사람들은 다 나를 싫어하고 손가락질하는 것 같았다. 하루하루 그렇게 세상과 싸우고 부딪치며 지냈다.

고정관념을 깨부순다는 건 결코 쉬운 일이 아님을 안다. 나 또한 패배주의적 사고와 열등감, 낮은 자존감을 지니고 있었고 긴 시간 노력과 훈련을 통해 차근차근 고정관념을 깨부술 수 있었다. 지금의 상황이 불만족스럽고 변화하고 싶다면 결단해야 한다.

자신과 마주하는 시간을 통해 자신이 원하는 것이 무엇인지, 어떤 삶을 살고 싶고, 어떤 목표를 이루고 싶은지 생각해보자. 자신과의 대화를 통해 조금 더 자신을 인정하고 사랑할 수 있게 될 것이다. 독서와 공부를 통해 견문을 넓히고 지식을 쌓아나가자. 목표를 더욱더 빨리 이룰 수 있을 것이다. 운동과 식습관 개선을 통해 목표를 이루는 데 필요한 체력을 키워보자. 조금 더 수월하고 여유 있게 목표를 이룰 수 있을 것이다. 그리고 자신의 목표를 달성하는 과정을 기록해나가자. 기록은 훗날 당신의 멋진 자산이 될 것이다.

책을 한 권도 읽기 힘들었던 내가 책이라는 걸 쓰게 되었다. 많은 돈을 벌어 성공하거나 유명한 사람은 아니지만 평범한 사람도 기회를 얻을 수 있고 몸과 마음을 단련하고 기록을 통해 라이프 위너의 길로 갈 수 있다는 것을 나의 이야기를 통해 보여주고 싶었다.

나의 삶의 목표는 '내 삶을 통해 누군가의 삶이 변화하고 발전하는 것'이다. '모두가 잘 사는 삶'을 꿈꾼다. 삶이 변화하고 마인드가 변하면 부는 저절로 따라온다. 모든 사람이 이 사실을 알고 행복과 성공을 쟁취했으면 좋겠다. 이 책을 통해 하나씩 바꿔나가 보자. 꾸준히 실행에 옮긴다면 당신의 삶은 분명히 변화할 것이다. 혼자만 쥐고 사는 것이 아니라 기버의 마음을 갖고 많은 사람에게 선한 영향력을 전파하며 나아가보자.

중요한 것은 자신에 대한 믿음이다. 곧 폭발할 자신의 잠재력을 확신하라.

지금 당장 결단하고 실행에 옮기자.
모든 것이 잘 된다고 확신하고 이미 된 것처럼 행동하자.

목표를 늘 상기시키시고 원하는 미래의 목표의 상을 구체적으로 시각화하자.
매일매일 '나는 할 수 있다'는 긍정적인 확신을 심어주자.
당당하게 인생을 책임지고 즐겁게 살아가자.
당신은 할 수 있다. 내가 했으니. 당신도 물론 할 수 있다.

최고의 라이프 위너가 되길 응원하며,

라이프 위너, 최해원(해원칭)